Jo-Jo

Sprachbuch 4
Grundschule Bayern

Erarbeitet von

Olga Brinster, Gersthofen
Cornelia Holzer, Miesbach

Unter Beratung von

Enno Hörsgen, Langerringen
Dr. Klaus Metzger, Gersthofen
Dr. Helga Rolletschek, Brunnthal
Prof. Dr. Angelika Speck-Hamdan,
München

Cornelsen

Inhalt

Themenkapitel

Arbeitstechniken

Richtig schreiben

Sprache untersuchen

Schreiben

Ich – Du – Wir

ICH **1** Lies die Sprechblasen. Hast du auch Erinnerungen an deinen Schulanfang?

DU ICH **2** Was fällt dir ein, wenn du an deinen Schulanfang denkst?
Berichte deinem Partnerkind von deinen Gedanken, Gefühlen und Erlebnissen.

G **3** Was könnt ihr heute, was ihr bei eurem Schulanfang noch nicht konntet?
Erzählt in eurer Gruppe. Dann schreibt jeder das Wichtigste auf ein Kärtchen.

WIR **4** Gestaltet in der Klasse mit euren Kärtchen und mit Fotos ein Plakat.
Oder: Schreibt über die schönste Erinnerung eine Geschichte.
Heftet die Geschichten in euer Portfolio.

Über ein Erlebnis schreiben

DU ICH **1** Lies den Text. Was macht den Text lebendig?
Sprich mit deinem Partnerkind darüber.

In der ersten Schulwoche kam eine nette Fotografin in unsere Klasse. Alle sollten an diesem Tag ihre bunten Schultüten noch einmal mitbringen. Die Klasse stellte sich aufgeregt auf. Ich blieb traurig an meinem Platz, weil ich meine Tüte vergessen hatte. „Kein Problem", sagte unsere Lehrerin Frau Lang, „stell dich einfach so dazu."
Weil ich aber nicht als Einzige ohne Tüte dastehen wollte, setzte ich mich trotzig unter meinen Tisch und fing an zu weinen.

Frau Lang redete leise mit der Fotografin. Dann kam sie zu mir, tröstete mich und sagte: „Komm mit, ich habe eine Idee." Ich folgte ihr. Bei unseren Nachbarn in der Bärenklasse durfte ich mir eine Tüte ausleihen. Die von Hannes gefiel mir am besten. Als ich meiner Mama das Klassenfoto zeigte, betrachtete sie es genau. Dann sagte sie: „Du siehst ja richtig glücklich aus." Die fremde Tüte fiel ihr gar nicht auf.

G **2** Was macht Texte lebendig? Lest die Kästen.
Diskutiert in eurer Gruppe darüber.

viele Nomen | abwechslungsreiche Satzanfänge | passende Adjektive | wörtliche Rede | lange Sätze | unterschiedliche Verben | …

3 Schreibe ein Erlebnis aus deiner Grundschulzeit auf.
Berücksichtige die Ergebnisse eurer Diskussion.
Überprüfe zum Schluss deine Rechtschreibung.

Sportfest | erster Schultag | Ausflug | auf dem Pausenhof | …

Texte verfassen S. 148

Sprachliche Mittel untersuchen

DU ICH **1** Betrachte die Bilder genau. Was sagt dir das Kind wohl?
Besprich dich mit deinem Partnerkind.

DU ICH **2** Buchstabiere deinem Partnerkind deinen Namen mit den Fingern. Kontrolliert euch gegenseitig. Versucht es auch mit anderen Wörtern oder Sätzen.

Außer der Gebärdensprache gibt es auch ein Fingeralphabet: Jeder Buchstabe wird mit den Fingern nachgebildet.

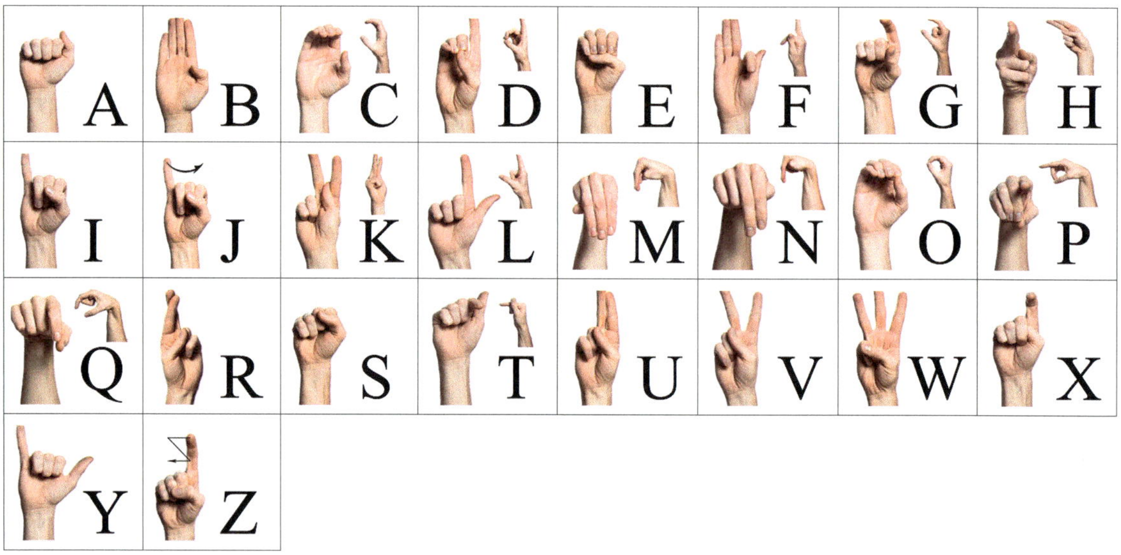

G **3** Die Umlaute **ä**, **ö**, **ü** fehlen oben im Fingeralphabet.
Findet in eurer Gruppe mögliche Zeichen dafür.
Informiert euch, wie die Umlaute tatsächlich gezeigt werden.

4 Verwendet man das deutsche Fingeralphabet auch in anderen Ländern?
Informiere dich im Internet darüber.

Wortarten

1 Lies die Wörter und finde die Nomen. Prüfe dazu:
– Kannst du einen Artikel vor das Wort setzen?
– Kannst du die Mehrzahl bilden?
– Kannst du das Wort mit einem Adjektiv genauer beschreiben?

BUCH STEHEN SCHWAMM WEICH HAI

LEGEN MÄRCHEN RADIEREN BREIT KLASSENRAT

2 Mit Adjektiven kannst du Nomen genauer beschreiben.
Finde für die Nomen zu den Bildern passende Adjektive:
das blaue Buch, …

3 Verben sagen, was jemand tut oder was geschieht.
Finde im Wörterbuch Verben.
Oder: Finde Verben und schreibe sie auch in der Ich-Form auf:
arbeiten – ich arbeite, …

> Auch vor Verben und Adjektiven können Artikel stehen.
> Die Verben und Adjektive werden dann zu Nomen und großgeschrieben: lachen – das Lachen, schön – das Schöne.

4 Mache aus den Verben und Adjektiven Nomen: *blau – das Blau, …*

lustig lernen neu gut spielen schmatzen

5 Arbeitet mit der Arbeitstechnik auf der Seite 85:
Ein Kind nennt ein Nomen, ein Adjektiv oder ein Verb.
Das andere Kind bestimmt die Wortart.

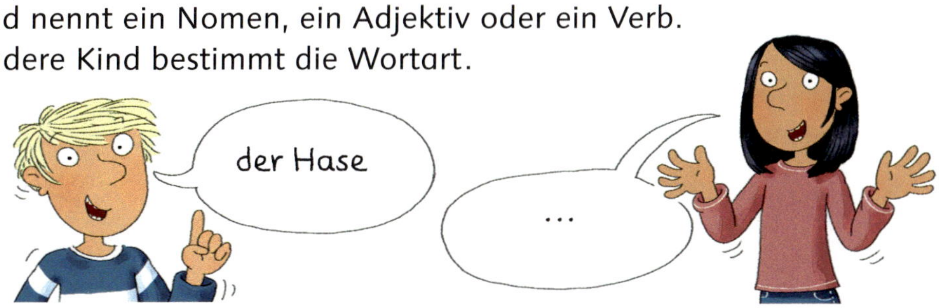

Wörter trennen

1 Lies den Text. Finde Wörter mit zwei Silben.
Sprich die Wörter laut und schwinge sie mit der Hand.
Schreibe die Wörter mit Trennstrich auf: Schu-le, ler-nen, …

In der Schule lernen und arbeiten wir häufig gemeinsam. Die Arbeit mit Partnern macht mir viel Spaß. Wir gehen meistens so vor: Zuerst lesen wir die Aufgabe. Dann überlegen wir uns die Antwort. Das macht jeder für sich. Danach vergleichen wir mit unserem Partnerkind die Antworten und reden darüber. Wir hören einander genau zu und fragen nach, wenn wir etwas nicht verstanden haben. Gemeinsam finden wir meist die richtige Lösung und schreiben sie auf.

Wörter mit zwei oder mehr Silben kannst du trennen.
Viele Wörter trennst du so, wie du die Silben sprichst:
hel-fen, Bu-ben, Hand-wer-ker.

DU ICH 2 Finde Wörter mit drei und vier Silben.
Schreibe sie mit Trennstrichen auf. Vergleiche deine Tabelle mit deinem Partnerkind. Kontrolliert eure Trennungen:

drei Silben	vier Silben
Part-ner-kind	Haus-meis-ter-raum
…	…

G 3 Trennt in eurer Gruppe die folgenden Wörter.
Setzt die Silben dann zu neuen, lustigen Unsinnswörtern zusammen.
Wie viele Möglichkeiten findet ihr?:
Part-ner-kind – Kind-ner-part, …

Partnerkind Papiermülleimer Internet

Pausenhofspiele Schulfesteinladung

S. 96 Richtig schreiben

Hier üben wir

1 Übe den Text: oder oder oder .

Theatergruppe

In der Theatergruppe der Schule gibt es viel zu tun. Bald schon soll das neue Stück aufgeführt werden. Es ist die Geschichte von einem verborgenen Schatz. Er kann nur mit dem richtigen Zauberspruch gefunden werden. Heute ist Kostümanprobe. Auf jedem Tisch liegt ein Kleidungsstück. Die Schüler schlüpfen aufgeregt hinein. Sie helfen sich gegenseitig. Auch Masken und Hüte liegen bereit. Bald haben sich die Kinder verwandelt und betrachten sich zufrieden im Spiegel. Der Schatz und der Zauberstab leuchten, weil der Hausmeister darin kleine Lampen eingebaut hat.

Max spielt den Zauberer, der den Schatz bewacht. Er trägt einen schwarzen Umhang mit Kapuze. Sein Rollstuhl ist mit neongelben Streifen beklebt. Das sieht unheimlich aus, wenn das Licht ausgeht.

das Stück
der Schatz
das Kleidungsstück
die Maske
der Zauberstab
der Umhang
die Kapuze
aufführen
verwandeln
leuchten
ausgehen
unheimlich

2 Schreibe die Nomen aus dem Text in der Einzahl und in der Mehrzahl auf:
die Theatergruppe – die Theatergruppen, …

3 Ordne die Wörter nach Wortarten:
Nomen: der Schatz, … Verben: … Adjektive: …

SCHATZ FINDEN AUFFÜHREN MASKE NEU

ZUFRIEDEN BEKLEBEN UMHANG UNHEIMLICH

4 Finde im Übungstext Nomen mit zwei und drei Silben.
Schreibe sie mit Trennstrichen auf: Schu-le, Ge-schich-te, …

5 Mit welchen Fragen findest du heraus, ob ein Wort ein Nomen ist?
Schreibe in dein Lerntagebuch: L

Herbst

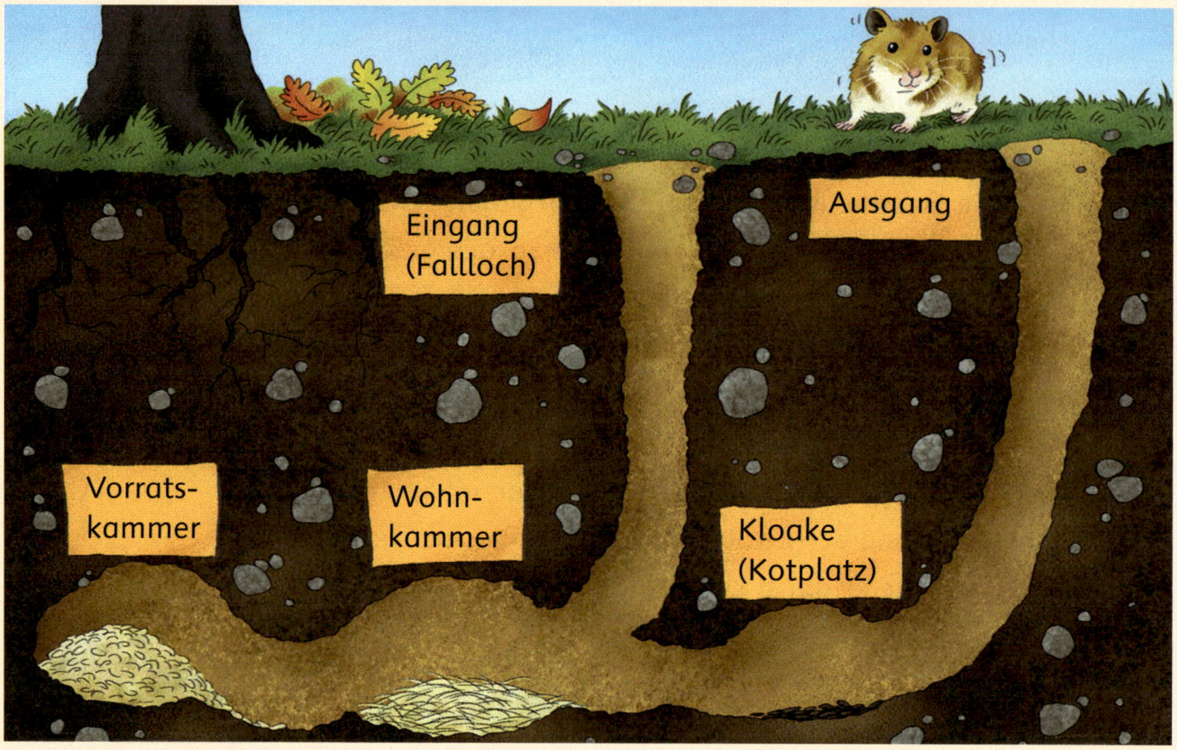

1 Sieh dir den Bau des Feldhamsters an.
Über welches Tier und seinen Bau möchtest du mehr erfahren?
Wähle aus: Fuchs, Maulwurf, Wühlmaus, Feldmaus …

2 Bildet Gruppen mit Kindern, die dasselbe Tier gewählt haben.
Jeder schreibt eine andere Frage zu dem Tier auf eine Karte.

3 Tauscht eure Karten mit einer Gruppe, die ein anderes Tier gewählt hat.
Beantwortet deren Fragen auf der Kartenrückseite. Informiert euch vorher, z. B. im Internet.

4 Tauscht die Karten zurück. Lest und besprecht die Antworten auf eure Fragen.
Erstellt über euer Tier ein Plakat. Präsentiert es in der Klasse.

5 Gebt eurer Partnergruppe respektvoll Rückmeldung darüber, wie gut ihr mit den Antworten arbeiten konntet. Achtet auf einen freundlichen Ton.

> Gut war, dass du …

> Interessant fand ich, dass …

Texte überarbeiten 1

1 Lies die Sätze über den Feldhamster.
Schreibe die Sätze ab. Ersetze die wiederholten Wörter durch passende Pronomen: Der Feldhamster …

Der Feldhamster sammelt im Herbst Getreidekörner.
Die Getreidekörner müssen für den ganzen Winter reichen.
Der Feldhamster stopft das Futter in seine Backentaschen.
Pro Seite können die Backentaschen mit bis zu 60 Körnern gefüllt werden. Der Kopf ist dann breiter als der Bauch des Feldhamsters. Der Feldhamster leert die Backentaschen mit seinen Vorderpfoten.

2 Lies den Text genau. Kläre unbekannte Wörter.

Der Feldhamster lebt vor allem in Getreidefeldern.
Der Feldhamster kann dort Vorräte für den Winter sammeln.
Der Feldhamster beginnt im Herbst mit der Winterruhe.
Der Feldhamster wacht während der Winterruhe oft auf, um zu fressen.
Der Feldhamster braucht etwa 2 bis 4 kg Wintervorräte.
Der Feldhamster kann aber auch 20 bis 30 kg zusammentragen.
Der Feldhamster wurde daher lange als Schädling bekämpft.
Die moderne Landwirtschaft mit ihren vielen Maschinen wurde eine immer stärkere Gefahr für den Feldhamster.
Der Feldhamster gilt als bedrohte Tierart.

> Achte beim Überarbeiten deiner Texte auf Wiederholungen. Du erkennst sie leichter, wenn du gleiche Wörter mit gleicher Farbe markierst. Vermeide Wiederholungen, indem du **Pronomen verwendest** und deine **Sätze umstellst**.

3 Überarbeite den Text: Stelle die Sätze um oder gebrauche ein Pronomen:
Der Feldhamster lebt vor allem in …
Dort kann er Vorräte …

Spannende Geschichten schreiben

DU ICH **1** Lies die Geschichte deinem Partnerkind vor. Dein Partnerkind hört gut zu.
Lies zuerst nur den schwarzen Text vor.
Dann noch einmal den ganzen Text.
Frage dein Partnerkind: Was klingt spannender?

Wie gelähmt standen wir beide an der Wegbiegung im herbstlichen Park. Paul umklammerte den Lenker seines Fahrrades. „Lucia", flüsterte er. „Da ist etwas im Gebüsch verschwunden, oder?" Ich war so erschrocken, dass ich nicht antworten konnte. Gebannt starrte ich in die undurchdringliche Nebelwand. Im dunklen Gestrüpp schien sich ein schwarzer Schatten zu bewegen. Ein unheimliches Rascheln war zu hören. Da! Was war das? Plötzlich kam das Geräusch von weiter oben.

G **2** Machen auch einige der schwarzen Wörter den Text spannend?
Findet die Wörter in eurer Gruppe.

> So kannst du **spannend erzählen**: Benutze treffende Verben und Adjektive, wörtliche Rede, Ausrufe und Fragen.

3 Ordne jedem Stichwort passende Adjektive zu: Zeit: augenblicklich, …

Zeit • Gestalt
Wetter • Geräusch

augenblicklich • raschelnd • merkwürdig • seltsam
hektisch • gleichzeitig • trüb • regnerisch

4 Finde zu jedem Adjektiv passende Nomen: das schaurige Rascheln, …

schaurig • verdächtig • gefährlich • buschig • sprachlos • merkwürdig

5 Schreibe die Geschichte spannend zu Ende:
Erschrocken lauschten wir …

erschrocken • Herzklopfen
leises Nagen • Eichhörnchen
erleichtert nach Hause

DU ICH **6** Überarbeite deine Geschichte mit Hilfe deines Partnerkindes. Nutzt zur Kontrolle der Rechtschreibung ein Wörterbuch.

Vorsilben

1 Lies den Text. Wo kann man bei dir in der Nähe Drachen steigen lassen?

Wenn im Herbst die Sonne scheint und der Wind weht, holt Eva ihren Drachen aus dem Keller. Erst muss sie ihn abstauben, danach verlässt sie das Haus. Auf einer großen Wiese kann Eva die Drachenschnur abrollen. Anschließend überprüft sie die Windrichtung und hält den Drachen hoch. Jetzt muss sie loslaufen und ihren Drachen aufsteigen lassen.
Eva verfolgt gespannt, wie der Drachen in der Luft herumwirbelt.
So macht der Herbst Spaß!

2 Finde im Text die Verben mit Vorsilben.
Schreibe sie auf und markiere die Vorsilben: abstauben, …

DU ICH **3** Lies die Wörter mit und ohne Vorsilben.
Was stellst du über die Bedeutung der Wörter fest?
Besprich dich mit deinem Partnerkind: Ich beobachte, dass …

beißen – abbeißen	der Gang – der Ausgang	ruhig – unruhig
stecken – verstecken	hören – aufhören	das Glück – das Unglück

4 Bilde mit jeder Vorsilbe neue Verben.
Die Wörterliste oder ein Wörterbuch helfen dir: ab: abfahren, …

ab- auf- ent- zer- be-

5 Bilde mit jeder Vorsilbe neue Nomen. Schreibe mit den neuen Nomen Sätze:
Einfahrt: Fabian radelt die steile Einfahrt hinauf. …

rück- un- auf- ein-

Sicht Satz Fahrt Geduld Zahl

Ableiten: Wörter mit ä und äu

1 Lies den Text. Ergänze dabei die fehlenden Buchstaben.
Weißt du, wie andere Tiere den Winter verbringen?

Der Igel verschl_ft den ganzen Winter. Er f_ngt schon im Spätsommer an, sich dick und rund zu fressen.
Bevor der Feldhamster Winterschlaf h_lt, tr_gt er Getreidekörner und Nüsse in seinen Bau.
Wenn er während des Winterschlafs aufwacht, ern_hrt er sich von seinen Vorr_ten.
Der Frosch gr_bt sich im Schlamm ein.
Dort verh_lt er sich ganz ruhig. Er f_llt in Winterstarre.

2 Finde zu jedem Wort mit **ä** die passende Ableitung.
Schreibe die Wortpaare: verschlafen – verschläft, …

3 Finde zu den Wörtern die Ableitung: täuschen – der Tausch, …

DU ICH **4** e oder **ä**? **eu** oder **äu**?
Erkläre deinem Partnerkind, wie das Wort geschrieben wird.
Wechselt euch ab: Blätter kann ich von Blatt ableiten, deshalb …

e oder ä

F_lder N_ster W_lder
_nte l_sst

eu oder äu

D_tschland Flederm_se
Flugz_g tr_men

Es gibt Wörter mit **ä**, die du nicht ableiten kannst. Diese Wörter sind Merkwörter: Käfer, Käfig, Märchen, Bär, März.

S. 100 Richtig schreiben

Hier üben wir

1 Übe den Text: oder oder oder .

Tiere sorgen im Herbst vor

Viele kleinere Tiere sorgen vor und sammeln schon im Spätsommer und Herbst in den Wäldern Vorräte. Sie tragen Nüsse, Samen oder Getreidekörner in ihre Vorratskammern. Das Eichhörnchen gräbt Futter ein oder legt es in leere Vogelnester. Fledermäuse, Igel oder Dachse fressen sich eine dicke Speckschicht an, damit sie keinen Hunger leiden müssen. Das Murmeltier trägt im Herbst viel Heu in seinen Bau, damit es im Winter besonders weich schlafen kann. Der Feldhamster versteckt Getreidekörner und Rübenstücke in seiner Höhle. Davon kann er sich bei Eis und Kälte ernähren.

Nur sehr wenige Vögel legen Vorräte für den Winter an.
Viele verlassen Deutschland und fliegen in den Süden.

der Herbst
der Spätsommer
die Wälder
die Vorräte
die Fledermäuse
der Speck
das Heu
die Vögel
es gräbt
es trägt
sorgen
ernähren

2 Bilde mit den Vorsilben neue Verben.
Schreibe die Verben auf: bestellen, …

be- an- ver- stellen schützen

um- vor- weg- sorgen

3 Finde die Ableitungen zu den Wörtern mit **ä** und **äu**: die Kälte – kalt, …

die Kälte | säubern | ernähren | nähen | älter

4 Finde zu den Nomen die Mehrzahl: der Wald – die Wälder, …

der Wald | der Vorrat | die Maus | der Apfel | das Haus

5 Was ist euch bei der Lernmethode **Fragen verschicken** auf Seite 10 gut gelungen? Was könnt ihr nächstes Mal noch verbessern?
Schreibe in dein Lerntagebuch: L

Natur entdecken: Pflanzen

ICH **1** Was weißt du über den Regenwald? Mache dir Notizen.

DU ICH **2** Was hat dein Partnerkind notiert? Tauscht euch darüber aus.
Verstehst du gut, was dein Partnerkind dir erklärt?

3 Arbeitet mit Hilfe der Arbeitstechnik auf Seite 86.
Notiert Fragen zu verschiedenen Themen rund um den Regenwald.

Wetter | Pflanzen | Menschen im Regenwald

Tiere | Vorkommen des Regenwaldes | …

Einen argumentierenden Text schreiben

DU ICH **1** Lies, was die Kinder zum Regenwald herausgefunden haben. Sprich mit deinem Partnerkind darüber.

Der Regenwald muss geschützt werden! Durch die vielen Pflanzen ist er der zweitgrößte Sauerstoffproduzent der Welt!

Regenwälder produzieren viele Wolken, die es dann auch bei uns in Europa regnen lassen.

Manche Regenwälder sind schon viele Millionen Jahre alt.

40 bis 60 Prozent der weltweiten Tier- und Pflanzenarten leben im Regenwald. Diese dürfen nicht verschwinden.

G **2** Gibt es noch mehr Gründe, warum der Regenwald geschützt werden sollte? Informiert euch im Internet oder in Büchern.

Nahrung aus dem Regenwald | pflanzliche Hilfe für die **Medizin** | prima **Klima** dank des Regenwalds | **Bewohner** des Regenwaldes | …

3 Trage deine Informationen in eine Mind-Map ein.
Wähle als Oberbegriffe zum Beispiel:
Lebensraum für Tiere und Pflanzen
Lebensgrundlage für Naturvölker
Nutzen für alle Menschen
Weltweites Klima

4 Plane und schreibe nun einen Text:
Argumentiere, warum man den Regenwald schützen sollte. Nutze deine Mind-Map als Hilfe.
Beachte die folgenden Punkte:
- Schreibe den wichtigsten Grund zuletzt.
- Mache deine Argumente mit Beispielen anschaulich:
  Wenn der Regenwald nicht geschützt wird, sterben Tiere aus, zum Beispiel …
- Sage auch deine eigene Meinung.

Ich meine, dass …
Obwohl …
Außerdem …
Ich denke, dass …

G **5** Lest eure Texte in eurer Gruppe vor. Welche Argumentation war überzeugend? Begründet eure Rückmeldung freundlich.

Prädikat, Subjekt und Satzergänzung

1 Ergänze in den Sätzen passende Prädikate: Die Pflanze Rafflesie wächst …

wiegt wächst stinkt blüht lieben

Die Pflanze Rafflesie ___ nur im Regenwald von Südostasien. Sie ___ fast elf Kilogramm. Die Rafflesie ___ nach verfaulendem Fleisch. Fliegen und Käfer ___ diesen Gestank. Eine Rafflesie ___ nur sieben Tage lang.

> Der Chef im Satz ist das **Prädikat**.
> Es bestimmt, wie viele Satzglieder als Ergänzungen nötig sind.
> Die wichtigste Ergänzung ist das **Subjekt**: Anastasia (Subjekt) schreibt. (Prädikat)
> Das **Subjekt** kann aus **mehreren Wörtern** bestehen: Die schöne Pflanze (Subjekt) blü (Präd)
> Ein **Objekt** ist eine **weitere Ergänzung**: Anastasia schreibt einen Brief. (Objekt)

2 Ordne den Prädikaten die passenden Subjekte und Objekte zu.
Wenn du nicht sicher bist, informiere dich in einem Lexikon oder im Internet.
Unterstreiche die Prädikate rot, die Subjekte blau, die Objekte grün:
Die Kannenpflanze frisst Fliegen. …

die Kannenpflanze	umschlingen	Luftwurzeln
die Würgefeige	erkunden	den Baum
Orchideen	erwürgt	die Forscher
andere Bäume	frisst	die Lianen
den Regenwald	besitzen	Fliegen

DU ICH **3** Welche der folgenden Sätze brauchen noch Ergänzungen?
Besprich dich mit deinem Partnerkind.

Ahmed lacht. Lena schenkt. Der Lehrer berichtet. Oma und Opa kochen.

DU ICH **4** Was hast du über die Verben in Aufgabe 3 festgestellt?
Berichte deinem Partnerkind.

S. 126 Sprache untersuchen

Zweiteilige Prädikate

G **1** Nicht nur die Regenwälder, auch die Wälder bei uns müssen geschützt werden. Sprecht in eurer Gruppe über die Ideen der Kinder. Fällt euch noch etwas ein?

2 Schreibe mit Hilfe der Stichworte Sätze, die beschreiben, wie die Kinder den Wald schützen: Die Kinder sammeln den Müll auf. …

Müll aufsammeln • seltene Pflanzen auf Infotafeln vorstellen
junge Bäume anpflanzen • Warnhinweise aufstellen
keine Abfälle zurücklassen • keine geschützten Pflanzen ausreißen

Das **Prädikat** kann aus **zwei Teilen** bestehen:
Die Kinder sammeln den Müll auf.

DU ICH **3** Sieh dir noch einmal die Verben im blauen Kasten an. Vergleiche mit deinen Sätzen: Was ist jetzt anders? Berichte deinem Partnerkind.

4 Unterstreiche in deinen Sätzen beide Teile des Prädikats: Die Kinder sammeln den Müll auf…

Wörter mit Doppelkonsonanten

DU ICH **1** Lies die Wörter laut. Sprichst du den ersten Vokal lang wie in **Nebel** oder kurz wie in **Sonne**? Besprich dich mit deinem Partnerkind.

Ofen

Tonne

Marder

Matte

Schal

Ball

> Hinter einem kurzen Vokal stehen immer zwei oder mehr Konsonanten: wer fen, der Mor gen. Hörst du nach dem kurzen Vokal nur einen Konsonanten, wird er verdoppelt: ken nen, die Son ne.

2 Schreibe aus Aufgabe 1 nur die Wörter mit kurzem Vokal und zwei Konsonanten. Kennzeichne den kurzen Vokal, markiere die Konsonanten:
Tonne, ...

3 Schreibe jedes Adjektiv mit einem passenden Nomen.
Zeichne bei den Verlängerungen die Silbenbögen,
dann weißt du, wie das Wort getrennt wird:
die dumme Geschichte, ...

dumm nett nass hell kaputt schnell krumm

4 Schreibe den Text ab. Entscheide bei den fehlenden Buchstaben: Doppelkonsonant oder nicht? Achte auf die Länge des Vokals.

Der Förster He__ Kempf machte mit uns
einen Waldspaziergang. Wir überquerten dabei
einen Flu__. Meine Ho__e wurde na__,
weil ein Holzbre__ der Brücke entzwei war.
Hinter einem Busch entdeckten wir einen Ha__en.
Doch lag auch viel Abfa__ auf dem Bo__en.
Der ne__e Förster erzählte uns interessante Dinge
über die Bäume. Jeder Baumsta__ sieht anders aus.
Mir gefielen die Blä__er des Ahorns am besten.

S. 94 Richtig schreiben

Hier üben wir

1 Übe den Text: oder oder oder .

Waldforscher

Die Kinder erforschen in Gruppen den Wald.
Meike und Pascal entdecken einen Hochstand.
Oben sitzt ein Mann, der nett lächelt. Es ist
der Förster. Meike entdeckt auf dem Waldboden
eine schnelle fette Raupe. Achtung, da ist eine Pfütze!
Beinahe wäre Pascal nass geworden.
Luis, Eri und Achmet bestimmen Blätter. Sie sind
nicht dumm und schauen im Lexikon nach, zu welcher
Pflanze ein Blatt gehört. Andere Kinder organisieren
einen Waldputz und sammeln Abfall ein.
Zum Schluss spielen die Kinder Baumtelefon.

der Hochstand
der Mann
die Pfütze
das Blatt
der Abfall
der Schluss
der Baumstamm
entdecken
organisieren
probieren
nett
schnell
nass
beinahe
dumm

Ein Kind klopft an einen Baumstamm. Das andere Kind
hört am anderen Ende auf das Klopfzeichen.
Probiert es im Wald einmal aus!

2 Finde im Text die Sätze, in denen diese Verben vorkommen.
Unterstreiche die Prädikate rot und die Subjekte blau:
Die Kinder erforschen in Gruppen den Wald. …

erforschen | klopfen | bestimmen | spielen | entdecken

3 Schreibe Sätze mit zweiteiligen Prädikaten und unterstreiche diese:
Vater schneidet vertrocknete Zweige vom Strauch ab. …

abschneiden | ausfüllen | aufbauen | vorstellen | zurücklaufen

4 Woran erkennst du, ob ein Wort mit einem einfachen Konsonanten oder mit Doppelkonsonanten geschrieben wird? Schreibe in dein Lerntagebuch:

1. Jo-Jo-Test

Wortarten

1 Sortiere die Wörter nach ihrer Wortart in eine Tabelle.

Nomen	Verb	Adjektiv
...	...	...

UNHEIMLICH SCHATZ NETT PFÜTZE SAMMELN NASS

BEWACHEN VORRAT ENTDECKEN ZAUBERSTAB AUFGEREGT

VERWANDELN UMHANG ZUFRIEDEN SCHNELL LEUCHTEN

2 Schreibe die Sätze ab.
Ergänze Nomen, die du aus den Verben und Adjektiven gebildet hast.
Denke an die Artikel der Nomen.

lachen warten groß

___ hört man im ganzen Haus.
___ auf den Bus ist langweilig.
Ein Eis zum Nachtisch ist für mich ___.

Wörter trennen

3 Lies die Wörter laut und schwinge sie mit der Hand.
Schreibe die Wörter mit Trennstrichen auf.

Klassenfahrt Ausflugsziele Wandertage Lieblingsfach

Tafelkreide Partnerkind Aufgaben Arbeitstechnik

Vorsilben

4 Bilde aus den Vorsilben und Verben neue Wörter.

ab- ver- legen rollen laufen

auf- ein- suchen fangen richten

Ableiten: Wörter mit ä und äu

5 **e** oder **ä**? **eu** oder **äu**?
Schreibe den Text ab und ergänze die richtigen Buchstaben.

Es ist H rbst. Die l chtenden Bl tter fallen von den B men
und bed cken den Waldboden mit Laub.
Viele Tiere bereiten sich auf die K lte des Winters vor.
Einige Vögel fliegen lieber in den Süden. Die W rme dort ist
für sie ertr glicher. Man n nnt diese Vögel Zugvögel.
Im n en Jahr kehren ab M rz die rsten Zugvögel zurück.

Prädikat, Subjekt und Satzergänzung

6 Schreibe die Sätze ab. Lasse immer eine Zeile frei.
Bestimme die Satzglieder.

Paul malt ein Bild.
Die Krokodile fressen andere Tiere.
Buntes Gefieder tragen viele Vögel.
Lisa winkt ihrem Opa.

Zweiteilige Prädikate

7 Bilde Sätze mit zweiteiligen Prädikaten.
Unterstreiche jeweils die zweiteiligen Prädikate.

eine Gärtnerei aufsuchen | winterharte Pflanzen auswählen

Löcher ausheben | auf Regenwürmer aufpassen | Sträucher einpflanzen

Wörter mit Doppelkonsonanten

8 Ergänze die fehlenden Konsonanten.

Im Herbst ist es oft na .
Dieses Jahr fä t im Winter viel Schnee.
Erst im Frühling ko en die Zugvögel zurück.
Und im So er ist es da heiß!

Vorhang auf!

ICH **1** Betrachte das Bild. Welche Figuren spielen in diesem Theaterstück wohl mit?

Ich erkenne …

DU ICH **2** Was ist wohl passiert? Warum regt sich Ben Bär so auf? Überlege mit deinem Partnerkind.

Ich vermute, dass …

WIR **3** Was könnte als Nächstes geschehen? Sprecht in der Klasse darüber.

4 Worüber habt ihr euch in letzter Zeit besonders geärgert? Erzählt in der Klasse davon.
Oder: Spielt es vor.

Ein Theaterstück entwickeln

1 Lest den Beginn des Theaterstücks mit verteilten Rollen. Überlegt vorher, wie ihr die Wörter betonen wollt und welche Bewegungen ihr macht.

Der Diebstahl

Bärin Britta sitzt auf der Bank, als ihr Mann Ben aus der Höhle gelaufen kommt, wild mit den Füßen aufstampft und schimpft.

Ben: Das ist doch nicht möglich! So eine Frechheit! Ich laufe sofort zum schlauen Fuchs rüber!

Britta: Beruhig dich doch, Ben! Was ist denn los?

Ben: Unser ganzer Honigvorrat ist weg. Alles gestohlen! Herr Fuchs, Herr Fuchs, zu Hilfe!

Er läuft Richtung Detektivbüro. Die Bärin springt erschrocken auf.

Britta: Aber ... aber ...

Der Fuchs kommt aus seinem Bau, und Britta sinkt auf die Bank.

Detektiv Fuchs: Was gibt es? Sie klingen ja ganz aufgeregt, lieber Nachbar.

Ben: Herr Fuchs, Sie werden es nicht glauben! Unser ganzer Honig ist gestohlen worden. Sie müssen uns helfen!

Der Detektiv zieht geschäftig Lupe und Notizblock heraus, geht damit in Richtung Bärenhöhle. Plötzlich eilt auch die Nachbarin Erna Eule herbei.

Erna Eule: Ein Honigdieb? Das kann nur Willi Waschbär gewesen sein. Ich habe letzte Nacht beobachtet, wie er hier vor eurer Höhle herumgeschlichen ist. *Kurze Pause, dann flüsternd:* Ich habe schon immer gedacht, dass an dem was faul ist!

Britta: Aber Erna, du kannst ihn doch nicht einfach verdächtigen! Vie-vielleicht war ja alles ... *(stockt)* ganz anders. Ich ...

Detektiv Fuchs: Nein, nein, das liegt doch auf der Hand: Natürlich war es Willi Waschbär!

Ben: So eine Frechheit! Den eigenen Nachbarn bestehlen!

Erna: Ich habe es gewusst!

Fuchs und Bär marschieren zum Bau des Waschbären, nur Britta Bär schlägt wortlos die Hände über dem Kopf zusammen ...

2 Wie könnte das Theaterstück weitergehen? Sammelt eure Ideen.

3 Schreibt das Theaterstück zu Ende und malt Bilder dazu. Setzt euch einen Termin. Bis wann schafft ihr das?

Eine Theateraufführung planen

1 Bevor ihr das Theaterstück spielt, könnt ihr Masken für die Tiere basteln.

Das braucht ihr dazu:
Pappteller • feste weiße Pappe • Schere • Locher • Papiertacker
Gummiband • Acryl- oder Deckfarben • Pinsel • Wasserbecher

1. Schneidet in einen Pappteller Löcher für die Augen. Stanzt mit dem Locher kleine Löcher in den Rand.

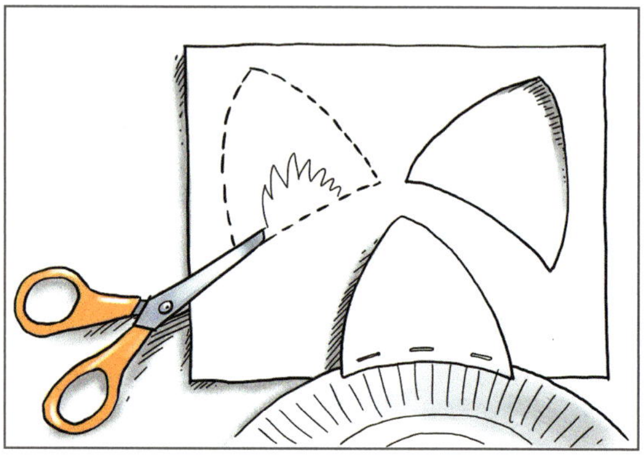

2. Entscheidet: Welche Tiere wollt ihr basteln? Schneidet aus der weißen Pappe passende Ohren. Tackert sie oben am Pappteller fest.

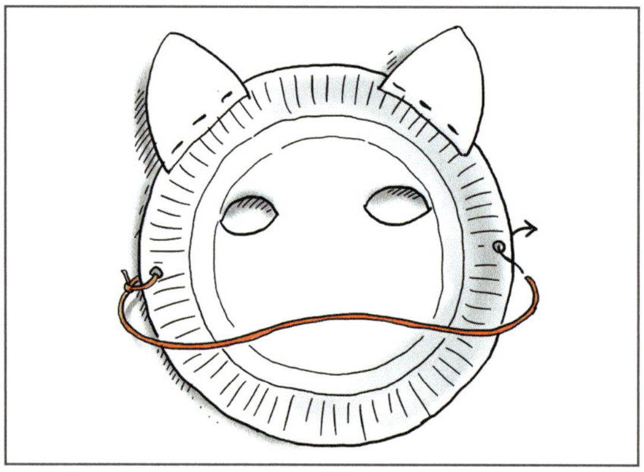

3. Zieht durch die Löcher am Rand das Gummiband und verknotet es.

4. Wie sollen eure Tiere aussehen? Malt die Masken an.

2 Verschönert die Maske für die Eule: Befestigt an den Stellen, wo bei den anderen Masken die Ohren sitzen, von hinten ein paar bräunliche Federn.

3 Überlegt, was ihr noch vorbereiten müsst. Verteilt die Rollen.

Theater spielen

1 Ihr könnt das Theaterstück mit Geräuschen untermalen.
Denkt euch passende Geräusche aus.
Welche Instrumente oder Geräte braucht ihr dafür?

2 Wie sollen sich die Figuren bewegen?
Mit welcher Betonung sollen sie sprechen?
Lest noch einmal euren Text.
Plant dann Bewegungen und Betonungen.

Figur	Bewegung	Betonung
Ben	wütend stapfen	...
...	...	...

3 Für das Theaterstück braucht ihr im Hintergrund ein Bühnenbild mit Wald.
Sammelt dafür Ideen: den Hintergrund auf große Bettlaken malen, eine Wäscheleine ...

4 Überlegt, wie ihr den Bühnenvordergrund gestalten könnt:
eine Gartenbank organisieren ...

5 Übt nun in Gruppen das Theaterstück mit den Tiermasken.
Gebt euch gegenseitig Rückmeldung zu eurem Spiel.

6 Ihr könnt das Stück auch in einem Wald oder Park spielen.
Ladet Mitschüler oder Eltern zur Vorführung ein.
Nehmt eure Vorführung mit der Kamera auf.

Winter

ICH **1** Schau dir das Bild an. Lies die Sprechblasen.
Was weißt du über die genannten Länder?

ICH **2** Wähle selbst ein Land. Finde in Büchern oder im Internet Informationen über den Winter in deinem Land.
Du kannst auch jemanden befragen, der aus diesem Land kommt.
Notiere Stichworte.

DU ICH **3** Erzähle deinem Partnerkind über den Winter in deinem Land.

WIR **4** Besprecht in der Klasse: Wo würdet ihr gern den Winter verbringen?
Begründet eure Meinung.

Eine Bastelanleitung schreiben

1 Lies die Bastelanleitung für eine Papprollen-Eule.
Baut in eurer Gruppe Papprollen-Eulen nach.

Du benötigst eine Papprolle und Filzstifte. Zuerst malst du die Papprolle in einer beliebigen Farbe an. Danach knickst du an einem Rollenende zwei gegenüberliegende Seiten nach innen. So entstehen die Ohren. Jetzt zeichnest du deiner Eule Augen und einen Schnabel auf. Zum Schluss malst du noch Federn und Flügel auf die Rolle, und schon ist die Eule fertig.

> Denke bei einer Bastelanleitung zuerst daran, das benötigte Material aufzuzählen. Schreibe dann die Arbeitsschritte in der richtigen Reihenfolge auf.

2 Sieh dir die Bilder an. Sie zeigen dir, wie ein Windlicht gebastelt wird.

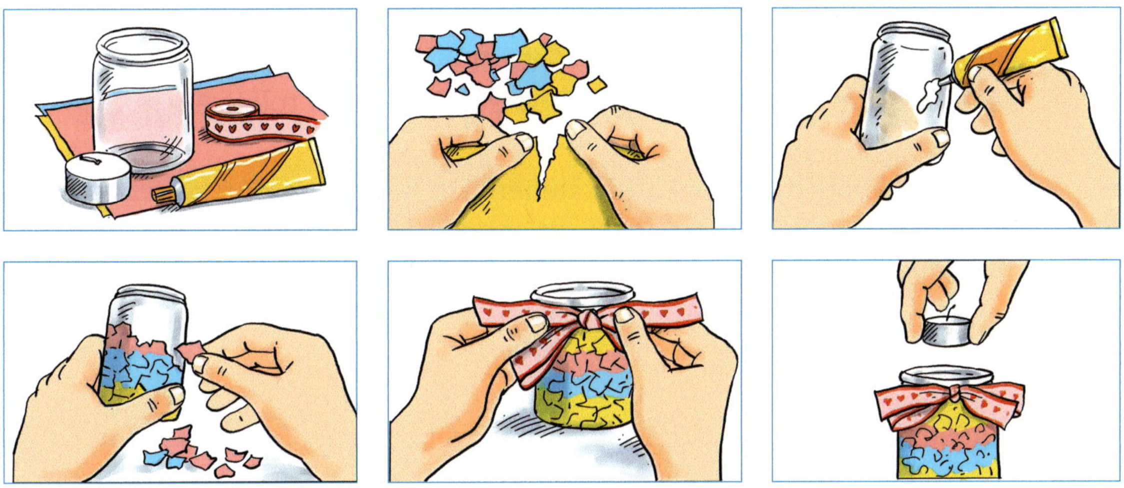

3 Schreibe die Bastelanleitung für ein Windlicht in der Ich-Form.
Die Wörter unten helfen dir.
Achte auf unterschiedliche Satzanfänge: *Ich benötige … Zuerst …*

zerreißen | Papier | Glas | bestreichen | Kleber

aufkleben | binden | Schleife | hineinstellen

4 Lest eure Bastelanleitungen in der Gruppe vor.
Was ist euch gut gelungen? Was könnt ihr noch verbessern?

Schreiben S. 140

Die vier Fälle des Nomens

1 Lies den Text. Welche Eisscholle passt in welche Lücke?

der Schlitten — des Schlittens — dem Schlitten — den Schlitten

„Was habt ihr denn vor?", fragt Max erstaunt, als Christina und Patrick vor seiner Tür stehen. „Wir wollen eine Schneewanderung machen! Für dich haben wir ___ dabei", erklärt Patrick und hält die Schnur ___ hoch. Max ist begeistert. Schnell zieht er seine dicke Jacke an. Seine Freunde helfen ihm in ___, und schon geht es los. Auf dem verschneiten Waldweg gleitet ___ nicht ganz so gut, deshalb gibt Christina ___ einen Schubs. „Hurra, so macht die Fahrt mit ___ Spaß!", jubelt Max. Doch plötzlich stößt ___ gegen einen Schneehügel und kippt um. Max fällt in den Schnee und ___ landet auf ihm. Erschrocken hilft Patrick dem Verunglückten auf, aber der lacht zum Glück und sagt: „Das ist wirklich ein toller Ausflug!"

Nomen können in **vier Fällen** stehen. Du findest sie durch Fragen:

1. Fall:	der Vogel	*Wer oder was …?*
2. Fall:	des Vogels	*Wessen …?*
3. Fall:	dem Vogel	*Wem …?*
4. Fall:	den Vogel	*Wen …?*

2 Schreibe den Text von Aufgabe 1 ab. Ergänze dabei die passenden Fälle des Nomens **Schlitten** aus den Eisschollen.

DU ICH **3** Schreibe Fragen zum Schlitten auf.
Dein Partnerkind schreibt die Antworten mit den Nomen aus den Eisschollen oben: Wen haben wir für dich dabei? Den …
Oder: Schreibt Fragen und Antworten zu Personen im Text.

Wen oder was …? — Wessen …? — Wem …? — Wen oder was …?

S. 124

Bindewörter verwenden

1 Lies, was die Kinder über die Weihnachtszeit erzählen.
In den Sätzen fehlen die Bindewörter.
Schreibe die Sätze mit passenden Bindewörtern ab.
Unterstreiche die Bindewörter: Wir feiern gemeinsam Weihnachten, weil …

denn | weil | obwohl | dass | als | da

Wir feiern gemeinsam Weihnachten, ___ wir uns über Jesu Geburt freuen.
Bei uns wird Weihnachten nicht gefeiert, ___ wir sind Moslems.
Wir beschenken uns an Weihnachten, ___ wir keine getauften Christen sind.
Onkel Pedro sagt, ___ es in Mexiko erst am 6. Januar Geschenke gibt.
Wir haben am Strand gefeiert, ___ wir letztes Jahr in Australien waren.
Ich bin glücklich, ___ in der Weihnachtszeit Ferien sind.

> Mit **Bindewörtern** kannst du Sätze verbinden. Dabei ändert sich manchmal die Stellung der Satzglieder. Vor den Bindewörtern steht ein Komma.
> Ich lache. Paul erzählt einen Witz. Ich lache, **weil** Paul einen Witz **erzählt**.
> Ich lache, **denn** Paul **erzählt** einen Witz.

2 Verbinde die Sätze mit passenden unterschiedlichen Bindewörtern.
Achte auf die Satzstellung und denke an das Komma:
Korbinian freut sich, denn heute …

Korbinian freut sich. Heute ist der erste Ferientag.
Er zieht den Schneeanzug an. Draußen schneit es.
Korbinian läuft zu seinem Freund. Er soll mit ihm im Schnee spielen.
Dustin öffnet sofort die Tür. Korbinian hat noch gar nicht geklingelt.
Die Jungen freuen sich. Sie können Schlitten fahren.

3 Sage deinem Partner einen Satz. Er findet einen dazu passenden Satz und verbindet beide Sätze mit einem Bindewort.

Besondere Trennungen

1 Lies Finns Text über Silvester.

Hattet ihr zu Silvester einen spannenden Abend?
Bei uns war ganz schön was los. Es sollte Karpfen
zum Abendessen geben. Bevor wir ihn in den Ofen
schieben konnten, musste der Kuchen fertig backen.
Der Geruch der Fische zog aber leider unsere Katze
an. Mama suchte im Keller ein Päckchen Zucker,
als Minka sich heimlich anschlich. Mit ihren Tatzen
ergriff sie einen der Fische. Ich begann zu schimpfen,
aber der Karpfen war natürlich nicht mehr zu genießen.
Auf ihrer Flucht stieß Minka auch noch eine Flasche
um und alles war voller Scherben. Die ganze Küche
war schmutzig und unordentlich. Aber zusammen
haben wir es geschafft, dass es doch ein gemütlicher
Silvesterabend geworden ist.

2 Manche Wörter am Ende der Zeilen von Finns Text müssen getrennt werden.
Schreibe die zu trennenden Wörter mit Trennstrichen: Karp-fen, …

Wörter trennst du nach Sprechsilben: Tan-te, ge-hen. Ausnahmen:
- Einzelne Buchstaben dürfen nicht getrennt werden: Esel, Amei-se.
- Wörter mit Doppelkonsonant trennst du so: Sup-pe, kom-men, Ras-sel.
- Nicht getrennt werden **ck, ch, sch:** pa-cken, Kü-che, Fi-sche.

DU ICH 3 Welche Wörter aus Finns Text dürfen nicht getrennt werden?
Überlege mit deinem Partnerkind. Findet Begründungen.

DU ICH 4 Schreibe die Wörter mit Trennstrichen: Ofen-rohr, …
Kontrolliere mit deinem Partnerkind. Habt ihr alles richtig gemacht?

Ofenrohr Elefant Eselsbrücke Abendrot Seeufer

5 Findet ihr noch selbst solche Wörter?

S. 96 Richtig schreiben

Hier üben wir

1 Übe den Text: oder oder oder .

Ein gefährlicher Wurf

Letztes Jahr lag an Weihnachten sehr viel Schnee und es herrschte eisige Kälte. Wie andere Christen gingen wir an Heiligabend trotzdem in die drei Kilometer entfernte Kirche. Auf dem Rückweg bewarfen meine Schwester und ich uns mit Schneebällen. Obwohl es nicht erlaubt ist, zielte sie mitten in mein Gesicht. Meine Brille flog von der Nase und ging kaputt. Vor Wut und Schreck zitterte ich am ganzen Körper sehr. Aber meine Schwester entschuldigte sich bei mir. Da war ich nicht mehr sauer auf sie.

Wir kehrten nach Hause zurück und feierten in Frieden mit der versammelten Familie das Weihnachtsfest.

die Kälte
der Christ
der Kilometer
an Heiligabend
der Rückweg
das Gesicht
die Schneebälle
sie zielte
sie entschuldigte
wir kehrten
gefährlich
erlaubt
kaputt
ganzen
sauer
versammelten
trotzdem
sehr

2 Schreibe die mehrsilbigen Übungswörter mit Trennstrichen auf: die Käl-te, …

3 In welchem Fall stehen die farbigen Nomen? Stelle Fragen.
Schreibe die Antworten und die Fälle dahinter: Wer oder was marschiert … ?

Der Fotograf marschiert in die Berge voran.
Sein Helfer Manuel folgt ihm. Er trägt die Ausrüstung.
Die Kamera des Fotografen ist besonders wichtig.
Damit wollen sie den Schneehasen fotografieren.
Plötzlich bleibt Manuel stehen und ergreift die Kamera.
Er gibt sie dem Fotografen.
Vor ihnen hockt der Schneehase.
Vorsichtig nähern sie sich dem Tier.
Schnell schießt der Fotograf viele Fotos.

4 Wie gelingt es dir, die Fälle von Nomen zu bestimmen und zu bilden?
Was kann dir dabei helfen? Schreibe in dein Lerntagebuch: [L]

Zeiten und Räume

ICH **1** Welche Erfindung findest du besonders wichtig oder interessant? Begründe deine Meinung.

Besonders wichtig finde ich …, weil …

DU ICH **2** Wähle mit deinem Partnerkind eine Erfindung aus. Informiert euch genauer darüber, zum Beispiel im Lexikon oder im Internet.

WIR **3** Stellt die Ergebnisse eurer Arbeit in der Klasse vor.

Einen Vorgang beschreiben

1 Lies den Text. Wie funktioniert die Eierköpfmaschine?

Heinrich Hartmann ist der Erfinder der Eierköpfmaschine.
„Das ist wirklich eine lustige Sache!", sagt er.
Die wichtigsten Teile sind ein kleiner Motor,
ein Tauchsieder und zwei Sägeblätter.
Das Ei wird mit dem Tauchsieder gekocht.
Oje, was passiert jetzt mit dem gekochten Ei?
Mit einem Seilzug wird es zur Säge hochgezogen.
Auf dem Weg berührt es zwei Kontakte.
Dadurch wird die Säge gestartet, das Ei wird durchgezogen
und geköpft. „Ach du Schreck!", ruft Heinrich Hartmann.

Beschreibe die einzelnen Schritte eines Vorgangs genau und in der richtigen Reihenfolge. Schreibe kurz und sachlich.

G 2 Worauf müsst ihr bei einer Vorgangsbeschreibung achten? Diskutiert in eurer Gruppe darüber.

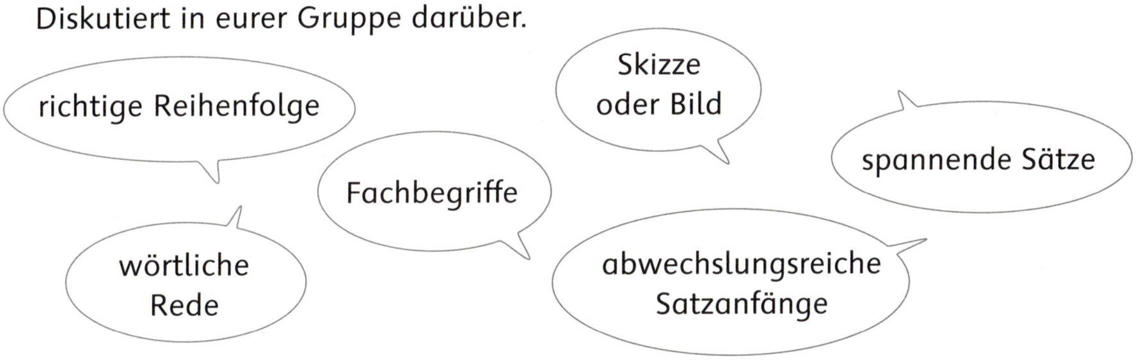

3 Wähle eine Maschine aus dem Alltag. Beschreibe, wie sie funktioniert. Denke dabei an die Ergebnisse eurer Diskussion.

DU ICH 4 Lies deine Beschreibung deinem Partnerkind vor. Versteht es, was gemeint ist? Kannst du noch etwas verbessern?

5 Erstellt ein Buch mit euren Beschreibungen. Findet gemeinsam einen passenden Titel.

1. Vergangenheit und 2. Vergangenheit

DU ICH **1** Lies, was auf der Buchseite steht und was Lena erzählt.
Was fällt dir an den Verben auf? Sprich mit deinem Partnerkind darüber.

Lenas Uropa arbeitete als Dorfschmied.
Er stand jeden Morgen sehr früh auf.
Er beschlug Pferde und bereifte Holzräder von Fuhrwerken mit eisernen Reifen.
Außerdem schmiedete und schärfte er Werkzeuge, zum Beispiel Äxte oder Zangen.

Mein Opa hat als Schmied gearbeitet, wie Uropa, aber als Kunstschmied. Opa hat schon viele schöne Sachen angefertigt, zum Beispiel große und kleine Leuchter aus Eisen.
Auch Treppengeländer aus Metall hat er geschmiedet.
Am schönsten finde ich das Zaungitter an der Kirche.
Einmal ist Opa zu einem Kunstschmiede-Wettbewerb gefahren.
Er hat auch Türgriffe und Kerzenhalter hergestellt.
Gestern hat er ein schönes Türschild gehämmert.

Wenn du über die Vergangenheit **schreibst**, benutzt du die
1. Vergangenheit: Der Uropa **arbeitete** als Schmied.
Wenn du über die Vergangenheit **sprichst**, benutzt du die
2. Vergangenheit: Der Uropa **hat** als Dorfschmied **gearbeitet**.

2 Ordne die Verbformen aus den Texten:
1. Vergangenheit: er arbeitete, …
2. Vergangenheit: er hat gearbeitet, …

3 Schreibe die Sätze in der 2. Vergangenheit: Früher sind die Menschen …

Früher fuhren Menschen in Kutschen durch die Gegend.
Ein Dichter schrieb seine Werke mit einer Feder.
Die Hausfrau wusch dreckige Wäsche per Hand.
In der Steinzeit kochten die Menschen ihr Essen am offenen Feuer.

S. 120 Sprache untersuchen

Gegenwart und Zukunft

1 Schreibe den Text ab. Unterstreiche die Verben in der Gegenwart: Heute <u>wohnt</u> …

Heute wohnt Lena in einem Dorf.
Sie lebt bei ihren Eltern und geht zur Schule.
Einmal in der Woche bekommt sie Taschengeld.
In ihrer Freizeit fährt sie Inliner.
Außerdem malt sie gern Blumen.
Am liebsten isst sie Spaghetti.

2 Schreibe den Text mit Verben in der Zukunft:
Später werde ich in ….

werde wohnen	werde arbeiten	werde bauen
werde entwerfen	werde ziehen	werden halten

Später ___ ich in einer großen Stadt ___.
Ich ___ als Architektin in einem Architekturbüro ___.
Dann ___ ich riesige Brücken und Hochhäuser ___
Außerdem ___ ich Häuser für berühmte Leute ___.
Mit meiner Familie ___ ich aufs Land ___.
Dort ___ wir Pferde, Katzen und andere Tiere ___.

3 Wähle Verben aus Aufgabe 1 aus.
Schreibe ihre Personalformen in der Zukunft auf:
wohnen – ich werde wohnen, du wirst wohnen, …

> Verben zeigen an, von welcher **Zeit** erzählt wird:
> von der Gegenwart (heute) oder von der Zukunft (später).
> **Gegenwart:** Heute **wohnt** Lena in einem Dorf.
> **Zukunft:** Später **wird** sie in einer Stadt **wohnen**.

4 Arbeitet mit der Arbeitstechnik auf Seite 85.
Erzähle deinem Partnerkind, wie dein Leben später einmal aussehen wird.
Benutze für die Verben die Zeitform Zukunft.

Strategien anwenden 1 ↪ ⚡

1 Verlängern oder ableiten? Finde die passenden Wörter im Text und kennzeichne die Wortpaare mit ↪ oder ⚡:
↪ Kinder – Kind, …

Kinder schreiben Liebe Karte Traum Bild alt

Die Schülerinnen und Schüler der Klasse 4a sprechen über ihre Berufswünsche.
Jedes Kind schreibt seinen Lieblingsberuf auf ein Kärtchen und befestigt es an der Tafel.
Lara träumt davon, Maskenbildnerin zu werden.
Alle hören zu, als sie von ihrem Beruf erzählt:
„Meine Hauptaufgabe ist es dann, Schauspieler und Fernsehmoderatoren vor ihrem Auftritt zu schminken und zu frisieren. Manchmal müssen sie viel älter aussehen, als sie sind."

2 Welche Strategie musst du beim Schreiben der Berufswünsche anwenden? ↪ oder ⚡? Schreibe passende Wortpaare:
↪ Flüge – Flugbegleiterin, …
⚡ laufen – Eiskunstläuferin, …

Berufswünsche der Klasse 4a

Mädchen	Jungen
Eiskunstläuferin	Autohändler
Flugbegleiterin	Sänger
Rechtsanwältin	Landwirt
Goldschmiedin	Gärtner
Tänzerin	Fahrzeuglackierer
Bäuerin	Gebäudereiniger
Betriebswirtin	Schiedsrichter

WIR **3** Was möchtet ihr einmal werden? Führt in der Klasse Interviews durch.
Legt eine Liste mit allen Berufen an.
Wählt Berufe daraus aus und informiert euch genauer.

S. 108 Richtig schreiben

Hier üben wir

1 Übe den Text: oder oder oder .

Mein Wunschberuf

Später möchte ich Tierärztin werden wie meine Mutter. In den Ferien begleite ich meine Mutter manchmal in den Reitstall. Einmal durfte ich dabei sein, als nachts ein Fohlen geboren wurde. Das war sehr aufregend. Am liebsten schaue ich aber zu, wenn Katzen oder andere kleine Tiere zur Untersuchung gebracht werden. Meine Mutter muss die Tiere impfen, Verbände wechseln, einen kranken Zahn ziehen oder gebrochene Knochen behandeln. Nicht immer verhalten sich die Patienten während der Behandlung ruhig. Sie haben Angst und wollen ausreißen oder spüren große Schmerzen.

Manchmal werden Tiere gebracht, die bei einem Unfall verletzt wurden. Dann ist schnelle Hilfe wichtig.

die Ärztin
das Fohlen
der Verband
der Patient
die Angst
der Schmerz
der Unfall
impfen
wechseln
ausreißen
verletzen
ruhig
wichtig
sehr
nachts

2 Verlängern oder ableiten? Finde die Wortpaare und ergänze die Zeichen ⤻ oder ⚡: spannend – spannende ⤻ …

spannen ___ – ___ Klei ___ – ___ Verk ___ fer – ___

L ___ nder – ___ run ___ – ___ stei ___ t – ___

3 Schreibe die Sätze ab. Unterstreiche die Verben und bestimme die Zeit:
Gestern hatte ich einen Fahrradunfall. – 1. Vergangenheit. …

Gestern hatte ich einen Fahrradunfall. Ich kam ins Krankenhaus. „Ich habe mich am Knie verletzt!", jammerte ich. Die Ärztin verband mein Knie. Ich bekam sogar eine Spritze. „Du hast ja beim Spritzen gar nicht geweint!", lobte die Ärztin. Es war tatsächlich gar nicht so schlimm. Trotzdem werde ich bei der nächsten Radtour besser aufpassen.

4 Worauf achtest du, wenn du einen Vorgang beschreibst? Schreibe darüber in dein Lerntagebuch: L

Das bin ich

ICH **1** Sieh dir die Bilder an.
Wie fühlen sich die Kinder wohl? Mache dir Notizen.

DU ICH **2** Berichte deinem Partnerkind, wie sich die Kinder fühlen.

DU ICH **3** Warst du einmal in einer ähnlichen Situation?
Erzähle deinem Partnerkind darüber.
Oder: Schreibe eine Geschichte dazu.
Hefte sie in deinem Portfolio ab.

G **4** Wählt eine Szene aus. Spielt sie in eurer Gruppe.

Bitte Mama, darf …

Adressatenbezogen schreiben

G **1** Lest die Mitteilungen. Für wen sind sie geschrieben? Sprecht in eurer Gruppe über die sprachlichen Unterschiede.

Unfallbericht

Datum: 26. Sept. 20…

Zeit: 14:45 Uhr

Ort: Körnerpark

Beteiligte: Ayshe S., Stefan P. mit Hund

Geschehen: Hund sprang gegen Fahrrad, Kind stürzte und verletzte sich, Hose und Fahrrad wurden beschädigt

Folgen: Herr P. ersetzt die Hose und bezahlt die Fahrradreparatur

DU ICH **2** Ayshe möchte ihrem Onkel Emre in einem Brief von dem Unfall erzählen. Wie sollte sie darüber schreiben? Sind alle Vorschläge angemessen? Besprich dich mit deinem Partnerkind.

vollständige Sätze | spannend und unterhaltsam | freundlicher Tonfall | in der richtigen Reihenfolge | an Anrede und Gruß denken | ausführlich

3 Schreibe den Brief für Ayshe.

4 Schreibe zu den Bildern. Wähle aus.
Du kannst dich auch in das Mädchen hineinversetzen.
Du kannst am Computer arbeiten und deine Rechtschreibung überprüfen.

Polizeibericht | E-Mail an Oma | Entschuldigung an den Ladenbesitzer | …

Satzergänzungen

1 Schreibe die Sätze ab.
Unterstreiche die Prädikate rot, die Subjekte blau und die Satzergänzungen grün: Lisa besucht den Uropa.

Lisa besucht den Uropa.	Sie hilft dem Uropa.
Max repariert den Korb.	Es gelingt dem Buben.
Peter streichelt den Hund.	Er folgt dem Hund.
Eva sieht das Eichhörnchen.	Es nähert sich dem Baum.

DU ICH **2** Vergleiche mit deinem Partnerkind jeweils die beiden Sätze. Achtet auf die Artikel und die Nomen der Satzergänzungen. Was fällt euch auf?

Ich stelle fest, dass …

Ein Satz kann unterschiedliche Ergänzungen haben. Manche Verben fordern eine Satzergänzung mit **dem/einem** oder **der/einer**:
Der Lehrer dankt **dem/einem** Buben. Erhan hilft **der/einer** Nachbarin.
Der Brei schmeckt **dem/einem** Baby.
Diese Ergänzung steht im 3. Fall (wem?).

Andere Verben fordern eine Satzergänzung mit **den/einen**, **die/eine** oder **das/ein**: Mutter pflegt **den/einen** Hund. Lara trägt **die/eine** Tasche.
Paul mag **das/ein** Mädchen.
Diese Ergänzung steht im 4. Fall (wen oder was?).

DU ICH **3** Welche Satzergänzung passt? Besprich dich mit deinem Partnerkind. Schreibe dann die Sätze.

Steffi ruft	die Freundin.
Sie winkt	der Freundin.
Mein Bruder besucht	der Tante.
Er gratuliert	die Tante.
Mama badet	dem Baby.
Es gefällt	das Baby.

Satzglieder

1 Schreibe den Satz ab. Unterstreiche die Satzglieder in unterschiedlichen Farben:
Mein Freund Erkan und ich ...

Mein Freund Erkan und ich | spielen | fast jeden Nachmittag | mit meinem Ball | auf dem neuen Fußballplatz.

Ein Satz besteht aus mehreren Satzgliedern.
Ein Satzglied kann ein oder mehrere Wörter haben.

Weglassprobe: Welche Satzglieder können entfallen, ohne dass der Satz falsch wird? **Lea ist** seit gestern **krank.** **Lea ist krank.**

Erweiterungsprobe: Mit welchen Satzgliedern kannst du den Satz sinnvoll erweitern? Manuel liest ein Buch.
Manuel liest **jeden Abend vor dem Einschlafen** ein Buch.

Umstellprobe: Welche Satzglieder kannst du umstellen?
Sina | wartet | seit zehn Minuten | auf den Bus.

DU ICH **2** Untersuche die Sätze mit deinem Partnerkind. Welche Wörter bilden jeweils ein Satzglied? Nutzt die Umstellprobe.

Die Schüler arbeiten im Unterricht fleißig und leise an ihren Aufgaben.

Laura hört die spannende Geschichte ihrer Freundin Tatjana interessiert an.

Starke Kinder sagen anderen höflich ihre Meinung.

G **3** Jedes Kind schreibt einen Satzanfang auf ein Blatt.
Gebt die Blätter verdeckt in der Gruppe weiter.
Jedes Kind schreibt ein Satzglied dazu: Prädikat, Ortsangabe, Zeitangabe ...
Lest die vollständigen Sätze und sprecht über die Reihenfolge der Satzglieder.

Martin schwimmt. | Hannah und Leonard malen. | Ich hüpfe.

DU ICH **4** Welche Satzglieder könnten entfallen, ohne dass der Satz falsch wird? Untersuche die Sätze mit deinem Partnerkind.

Niko und sein bester Freund Tom sammeln morgens den Müll vom Schulhof.

Giovanni schlichtet den Streit seiner Klassenkameraden mit netten Worten.

Die Lehrerin schreibt die Hausaufgaben in großer Schrift an die Tafel.

Verlängern: silbentrennendes h ↪

G **1** David und Lena haben Stärken und Schwächen. Lest den Text und überlegt in eurer Gruppe, welche ihr kennt.

David und Lena stehen nie zu spät auf.
Sie ziehen sich sehr schnell um.
Sie gehen nicht allein in den Keller.
Sie nähen sehr langsam mit großen Stichen.
Sie verbrühen sich nie und sie sind immer vorsichtig.
Sie stöhnen, wenn sie ihr Zimmer aufräumen sollen.
Sie drehen sich oft zu ihren Nachbarn um und quatschen.

> Manche Wörter schreibst du mit einem **h**, das du auch beim deutlichen Sprechen in Silben hörst: se**h**en, die Kü**h**e, ru**h**ig.
> Die erste Silbe dieser Wörter endet mit einem langen Vokal, die zweite Silbe beginnt mit dem Konsonant **h**.
> Auch die verwandten Wörter schreibst du mit **h**: er sie**h**t, die Ku**h**.

2 Schreibe die Verben mit silbentrennendem **h** aus dem Text auf. Zeichne Silbenbögen und markiere das **h**: ste hen, …

3 Schreibe die Sätze nur für ein Kind auf:
David steht nie zu spät auf.
Lena zieht sich …

4 Schreibe die Sätze ab. Verlängere die Nomen zu den Bildern in Gedanken, bevor du die Einzahl der Nomen aufschreibst: Alex kann …

Alex kann seinen zweiten  nicht finden.

Schu-he,
Schuh …

Rayan hat noch nie eine  gesehen.

Mona beobachtet ein  in der Abenddämmerung.

Larissas Katze hat einen .

Emilia staunt über das große  des Elchs.

S. 98 Richtig schreiben

Hier üben wir

1 Übe den Text: oder oder oder .

Das Klassentagebuch

Die Kinder finden die Idee mit dem Tagebuch prima.
Emilia besorgt ein großes Heft mit festem Deckel.
Franco trägt auf der ersten Seite die Tagebuchregeln
in seiner schönsten Schrift und ohne Fehler ein.
Alex notiert, wie die Kinder in der Regenpause im Gebäude
ruhig spielen. Felix schreibt, wie spannend
er den Ausflug auf den Bauernhof fand. Alle Kinder durften
die Kühe füttern. Ihre Schuhe wurden dabei sehr dreckig.
Sie sahen, wie eine Kuh gemolken wurde. Viele andere
Geschichten stehen auch schon in dem Buch.

Alle finden es spannend, im Tagebuch zu lesen,
was den anderen gefällt oder was sie ärgert.
Die Kinder geben sich jetzt mehr Mühe,
freundlich miteinander umzugehen.

die Idee
der Fehler
das Gebäude
die Kuh
der Schuh
die Mühe
sie besorgt
er trägt
er notiert
er schreibt
er fand
sie sahen
sie stehen
sich ärgern
prima
ruhig
spannend
freundlich
sehr
mehr

2 Schreibe die Sätze mit passenden Ergänzungen: Lisa streichelt die Kühe. …

Lisa streichelt.	seine Schuhe
Ben sucht.	das Glücksrad
Felix schreibt.	die Kühe
Die Kinder drehen.	der Brieffreundin

3 Ergänze die Sätze mit passenden Übungswörtern: Die …

Die Lehrerin hatte die ___ mit dem Klassentagebuch.
Emilia ___ ein Heft. Franco ___ die Tagebuchregeln ein.
Alex gibt sich ___, ordentlich zu schreiben.
Felix liest das Tagebuch in einer ___ Ecke.
Die Kinder ___ sich die Einträge gern an.

4 Wie findest du die Satzglieder im Satz? Schreibe in dein Lerntagebuch: L

Natur entdecken: Tiere

ICH **1** Sieh dir die Bilder an.
Über welches Tier möchtest du mehr erfahren?

2 Finde die Kinder, die dasselbe Tier gewählt haben.
Überlegt gemeinsam: Was wollt ihr über das Tier wissen?
Arbeitet mit Hilfe der Arbeitstechnik auf Seite 86.

WIR **3** Erstellt in der Klasse Material für einen Informationskasten über alle Tiere.

Aufforderungen und Bitten formulieren

1 An einem Teich sollten Menschen Regeln beachten.
Schreibe Aufforderungssätze.
Denke an das Ausrufezeichen am Ende:
Verhaltet euch ruhig! …

ruhig verhalten | sich dem Teich langsam nähern | keinen Müll zurücklassen | in einiger Entfernung stehen bleiben | Leben am Teich aufmerksam beobachten

> **Aufforderungen** formulierst du knapp und sachlich:
> Nicht ins Wasser springen!
> **Bitten** formulierst du höflich und sachlich:
> Kannst du mir bitte … Können Sie uns bitte …

2 Die Kinder der Klasse 4a erbitten Informationen zum Thema Teich.
Sie haben eine E-Mail geschrieben. Überarbeite die E-Mail.
Formuliere höfliche Bitten. Wähle eine angemessene Anrede: Sehr geehrte …

Hallo,
wir brauchen Infos zum Teich. Möglichst schnell.
Senden sie uns welche zu. Auch Bilder
brauchen wir. Wasserqualität interessiert uns.
Bis bald
Klasse 4a

Lieber …
Sehr geehrte …
Bitte …
Würden Sie …
Könnten Sie …
Wir wären Ihnen dankbar, wenn …

DU ICH **3** Vergleiche deine E-Mail mit deinem Partnerkind.
Habt ihr eure Bitten angemessen formuliert? Gebt euch sachlich Rückmeldung.

Schreiben S. 154

Mit Adjektiven vergleichen

1 Lest die Beschreibungen der Froscharten.
Sucht auf den Bildern nach typischen Merkmalen.

Am häufigsten kommt bei uns der Grasfrosch vor. Er wird bis zu 10 Zentimeter groß. Dieser Frosch lebt in feuchten Wäldern, Wiesen, Mooren.

Der kleinste der drei Frösche ist der Laubfrosch. Er lebt an Waldrändern, im Schilf oder im Gras. Er kann besonders gut klettern.

Ein Wasserfrosch kann sehr dick werden. Sein Lebensraum ist der Uferbereich von Seen, Teichen und Tümpeln. Er entfernt sich nie weit vom Wasser. Beim geringsten Geräusch taucht er unter.

Mit **Adjektiven** kannst du Nomen genauer beschreiben. Du erkennst Adjektive auch daran, dass du mit ihnen etwas **vergleichen** kannst:

Grundform:	Der Wasserfrosch ist **klein**.
1. Vergleichsstufe:	Der Grasfrosch ist **kleiner**.
2. Vergleichsstufe:	Der Laubfrosch ist **am kleinsten**.

2 Schreibe die Texte zu den Fröschen ab.
Unterstreiche die Adjektive: Am häufigsten ...

3 Ordne die Adjektive aus den Texten in eine Tabelle.
Ergänze die fehlenden Formen:

Grundform	1. Vergleichsstufe	2. Vergleichsstufe
häufig	häufiger	am häufigsten

4 Finde weitere passende Adjektive zum Frosch und seinem Lebensraum.

S. 122

Wörter mit qu

DU ICH **1** Lies den Text mit deinem Partnerkind.
Überlegt, wo ihr die Wörter einsetzen müsst.

quer Quelle Quatsch bequem Qualität
überqueren quakt quietschvergnügt

___ steigen die Kinder aus dem Bus
und ___ vorsichtig die Straße.
Schnell rennen sie ___ über die Wiese.
Dort entdecken sie einen kleinen See mit einer ___.
Pia will sofort ins Wasser stapfen. Doch Timo ruft:
„Mach keinen ___! Vielleicht sind Tiere darin und du störst sie."
Er setzt sich ___ ins Gras und beobachtet einen Frosch, der auf einem Stein
sitzt und ___. Pia sagt: „Wir können ja noch einmal mit unserer Lehrerin
herkommen. Dann bestimmen wir mit Teststreifen die ___ des Wassers."

2 Schreibe den vollständigen Text. Markiere **Qu** und **qu**:
Quietschvergnügt steigen …

3 Bilde zusammengesetzte Nomen und schreibe sie
mit dem bestimmten Artikel auf:
der Quittenbaum, …

DU ICH **4** Schreibe Rätselsätze zu Wörtern mit **Qu**/**qu**.
Kann dein Partnerkind die Rätsel lösen?

Strategien anwenden 2 (↪) (⚡) (M)

G **1** Lest den Text in eurer Gruppe. Wer von euch hat schon einmal an solch einer Rettungsaktion teilgenommen?

Anna und Leon nehmen an einer Rettungsaktion für Kröten teil. Um im Frühjahr zu den Laichgewässern zu gelangen, müssen die Kröten häufig Straßen oder Bahnstrecken überqueren. Das ist aber sehr gefährlich.

Damit nicht jedes Jahr Tausende von Kröten überfahren werden, stellen Naturschützer Schutzzäune auf. Anna erzählt: „Die Tiere kriechen am Zaun entlang und fallen in dort eingegrabene Eimer. Morgens und spät am Abend werden die Eimer kontrolliert. Die eingefangenen Tiere bringen mehr als zehn Helfer dann auf die andere Straßenseite." Anna und Leon arbeiten jedes Wochenende fleißig mit und fühlen sich gut dabei.

2 Schreibe die grünen Merkwörter auf.
Markiere das stumme **h**: nehmen, …

3 Schreibe die roten Wörter aus dem Text heraus. Setze vor jedes Wort das passende Zeichen, (↪) oder (M): (↪) Weg, …

Wenn die Kröten den schwierigen Weg zum Tümpel hinter sich gebracht haben, legt jedes Weibchen mehr als tausend Eier in das Wasser.
Danach ziehen sich die erwachsenen Kröten wieder in den kühlen und feuchten Wald zurück.

4 Schreibe die Wörter rechts in eine Tabelle.
Kreuze für alle Wörter die passenden Strategien an.
Manchmal musst du für ein Wort zwei Strategien anwenden.

	(↪)	(⚡)	(M)
Käfig	X		X
Laichgewässer			
…			

Käfig
Laichgewässer
Bergspitze
Schutzzäune
Frühlingslied
Erdbeere
Nussbäume
häufig

S. 110 Richtig schreiben

Hier üben wir

1 Übe den Text: oder oder oder .

Frösche

Frösche leben fast überall auf der Welt, nur nicht am Südpol und am Nordpol. Die meisten halten sich in Teichen und Tümpeln oder in der Nähe davon auf. Die meisten Frösche werden abends besonders aktiv. Deshalb hört man sie in der Dämmerung oft laut quaken. Die in Deutschland bekanntesten Frösche sind der Grasfrosch, der Laubfrosch und der Wasserfrosch. Am häufigsten kommt bei uns der Grasfrosch vor. Frösche haben natürliche Feinde, zum Beispiel Störche und Uhus. Ihr schlimmster Feind ist jedoch der Mensch. Er baut Straßen und legt Wiesen und Moore trocken.

Diese Veränderungen bedrohen die Frösche. Naturschützer versuchen, den Tieren zu helfen. Sie stellen neben den Straßen niedrige Zäune auf.

der Nordpol
die Nähe
die Dämmerung
Deutschland
der Laubfrosch
die Straße
das Moor
er legt
bedrohen
aktiv
bekannt
häufig
schlimm
trocken
niedrig
überall
davon
abends
deshalb
man
ihr

2 Suche die Wörter im Text. Ergänze die richtigen Vokale oder Umlaute: Dämmerung, …

D mmerung N he h figsten Ver nderungen Z ne

3 Schreibe die Übungswörter und markiere schwierige Stellen. Finde die Strategien, die dir helfen, die Wörter richtig zu schreiben: der Nordpol – der Norden, …

Nordpol Nähe Moor häufig niedrig abends

4 Schreibe die Adjektive aus den Übungswörtern in der Grundform und in beiden Vergleichsstufen auf: aktiv, aktiver, am aktivsten, …

5 Wie ist euch die Arbeit mit der Technik **Fragen verschicken** diesmal gelungen? Bist du mit euren Ergebnissen zufrieden? Was könnte noch besser funktionieren? Schreibe deine Erfahrungen in dein Lerntagebuch: L

2. Jo-Jo-Test

Die vier Fälle des Nomens

1 Schreibe den Text mit den Nomen in den passenden Fällen.
Manche Fälle kommen mehrfach vor.

der Eisbär   des Eisbären   dem Eisbären   den Eisbären

___ lebt in der Arktis. Das gelblich-weiße Fell ___ dient in der schneebedeckten Landschaft als Tarnung. ___ ist ein Raubtier. Ein enger Verwandter ___ ist der Braunbär. ___ sollte man besser nicht zu nahe kommen, denn als Raubtier kann er schnell und gefährlich für den Menschen sein. Menschen sollten ___ nur aus großer Entfernung beobachten, auch um ihn nicht zu stören. Robben fürchten ___ sehr, denn sie stehen auf der Speisekarte ___.

Bindewörter verwenden

2 Ergänze in den Sätzen passende Bindewörter.

dass   obwohl   denn   weil

Morgen dürfen wir uns endlich verkleiden, ___ es ist Fasching.
Lisa verkleidet sich als Marienkäfer, ___ sie auch gern als Hexe gehen würde.
Es wird Zeit, ___ Jasmin sich endlich schminkt.
Thomas verkleidet sich als Pirat, ___ er selbst gern einer wäre.

1. und 2. Vergangenheit

3 Schreibe die Sätze in der 1. Vergangenheit.

Zu Hause hat Lisa ein Buch ihrer Schwester gefunden.
Sie hat darin geblättert.
Lisa hat eine Geschichte über Drachen und Elfen gelesen.
Die Bilder hat sie sich auch angesehen.
Am nächsten Tag hat Lisa Max von der Geschichte erzählt.

Gegenwart und Zukunft

4 Schreibe die Sätze in der Zukunft auf.

Mona besucht ihren Papa.
Am Nachmittag gehen sie zusammen in die Stadt.
In einem Café essen sie Waffeln.
Später laufen sie durch Monas Lieblingsstraße zurück.
Mona freut sich sehr.

Strategien anwenden

5 Ergänze die fehlenden Buchstaben. Finde die richtige Schreibung mit ↪ oder ⚡.

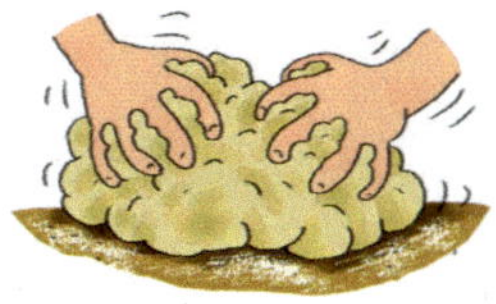

An diesen B ___ men wachsen viele leckere ___ pfel.
Der B ___ cker braucht sie für seine Obstkuchen.
Er sie ___ t das Mehl in die Schüssel.
Manchmal knetet er den Tei ___ mit den H ___ nden.
Das dauert l ___ nger als mit der Maschine.
Am nächsten Morgen le ___ t die Verk ___ ferin
die fertigen Kuchen in die Theke.

Verlängern: Silbentrennendes h

6 Schreibe die Verben in drei Personalformen.

sehen   blühen   drehen   gehen   stehen

Mit Adjektiven vergleichen

7 Vergleiche die Nomen mit den Vergleichsstufen der Adjektive **groß**, **alt** und **hoch**.

1 

2 

3 

Der Igel ist ___ als die Schnecke. Der Tiger ist ___.
Papa ist ___ als ich. Opa ist ___.
Der Kran ist ___ als das Haus. Der Turm ist ___.

Frühling

DU ICH **1** Auf dem Bild kannst du sehen, was Eva gern machen möchte.
Beschreibe deinem Partnerkind ihren Traum.

DU ICH **2** Betrachte das Fahrrad. Ist es wohl verkehrssicher?
Besprich dich mit deinem Partnerkind.

Eva muss mit der Luftpumpe noch den Reifen aufpumpen.

Luftpumpe Dynamo Scheinwerfer Klingel

Rückstrahler Bremse Speichenrückstrahler

WIR **3** Erstellt in eurer Gruppe eine Fahrrad-TÜV-Checkliste.
Überprüft mit Hilfe dieser Liste eure Fahrräder auf Verkehrssicherheit.

WIR **4** Was könnt ihr am Fahrrad selbst reparieren? Wobei benötigt ihr Hilfe?
Sprecht darüber.

Texte überarbeiten 2

ICH **1** Lies die Geschichte. Wie findest du sie?

DU ICH **2** Begründe deine Meinung deinem Partnerkind.

> Der Frühling war dieses Jahr besonders schön:
> Ich bekam zum Geburtstag ein Fahrrad.
> Ich habe mich darüber gefreut.
> Ich konnte es kaum erwarten, bis ich damit fahren durfte.
> Dann kann ich endlich raus. Ich sauste über den Gehwek
> und dann die Straße hinunter bis zum Park.
> Die Frühlingssonne hatte viele Spaziergänger angelockt.
> Alle konnten mich sehen! Ich war sehr stolz
> und ich fuhr glüklich nach Hause zurück.

WIR **3** Lest in eurer Gruppe die Kriterien für eine gute Geschichte.
Diskutiert, was im Text oben nicht beachtet wurde.

Wortwiederholungen vermeiden — richtige Reihenfolge der Sätze beachten — treffende Adjektive verwenden — Fehlt etwas? — Sätze umstellen — wörtliche Rede verwenden — eine passende Überschrift finden — gleiche Zeitform der Verben verwenden — Rechtschreibung überprüfen

4 Überarbeite die Geschichte.

Schreiben S. 160

Wortfelder

DU ICH **1** Lies **nur das Gespräch** mit deinem Partnerkind.

Jasmin ruft: „Endlich ist der Frühling da!“
Susi antwortet: „Ich freue mich auch! Und morgen ist Samstag!“
Jasmin ___: „Sollen wir dann draußen spielen?“
Susi ___: „Lass uns mit den Inlinern zum Fluss fahren.“
Jasmin ___: „Meine Inliner sind mir leider zu klein. Aber ich kann ja mein Waveboard nehmen.“
Susi ___: „Super! Am Fluss können wir dann Papierboote basteln und sie zu Wasser lassen.“
Jasmin ___: „Zeigst du mir, wie man ein Papierboot bastelt?“
Susi ___: „Na klar. Das mache ich gern.“
Jasmin ___: „Dann morgen um 10 Uhr bei mir?“

DU ICH **2** Überlege mit deinem Partnerkind, welche Verben aus dem Wortfeld **sagen** am besten in die Redebegleitsätze in Aufgabe 1 passen.

murmeln plappern erklären vorschlagen fragen
rufen stottern jammern bemerken entgegnen …

3 Schreibe das Gespräch vollständig auf.

G **4** Spielt das Wortfeld-Spiel in eurer Gruppe.

Das Wortfeld-Spiel

flüstern … sagen rufen

Frau Meier, halten Sie bitte mal mein Fahrrad, ich muss noch Ostereier bemalen.

…

Das braucht ihr:
- zwei Sorten Kärtchen

So geht es:
- Schreibt die Wörter für **sagen** auf die einen Kärtchen.
- Auf die anderen Kärtchen schreibt ihr witzige Sätze.
- Bildet zwei Stapel und verdeckt die Kärtchen.
- Wer dran ist, zieht von jedem Stapel ein Kärtchen.

Das Wort für **sagen** gibt an, wie ihr den Satz sprechen sollt.

Wörtliche Rede und Redebegleitsätze

DU ICH **1** Lies den Gesprächsanfang.
Wo stehen die Redebegleitsätze?
Besprich dich mit deinem Partnerkind.

„Max, hast du Lust, die Ostereier zu dekorieren?", fragt die Lehrerin.
Max ruft: „O ja, das habe ich noch nie gemacht!"
Ayshe sagt: „Lass uns die Serviettentechnik ausprobieren."

2 Schreibe den Gesprächsanfang ab.
Unterstreiche die Redebegleitsätze.
Achte auf die Anführungszeichen:
„Max, hast du …

Redebegleitsätze stehen vor oder hinter der wörtlichen Rede:
Max ruft: „O ja, das habe ich noch nie gemacht!"
„O ja, das habe ich noch nie gemacht!", **ruft Max**.

3 Schreibe ab, wie das Gespräch weitergeht.
Ergänze die Anführungszeichen. Unterstreiche die Redebegleitsätze:
„Wie funktioniert das?", will Max wissen. …

Wie funktioniert das? , will Max wissen.
Ayshe erklärt: Zuerst schneidest du aus Servietten schöne Motive aus und ziehst dann die obere Papierlage von den Motiven ab. Sie fügt hinzu:
Dann nimmst du ein ausgeblasenes Ei und bestreichst es vorsichtig mit etwas Klebstoff.
Und was passiert als Nächstes? , fragt Max.
Du klebst deine Motive auf das Ei und streichst sie sorgfältig glatt , erwidert Ayshe.

4 Schreibe ein ähnliches Gespräch. Benutze Redebegleitsätze vor und hinter der wörtlichen Rede.

Osterferien | Wünsche zu Ostern | Bastelarbeiten | …

Wortfamilien

G **1** Lest in eurer Gruppe den Text. Wer war schon einmal auf einem Fahrradmarkt oder in einem Fahrradgeschäft? Erzählt.

Im Frühling findet in der Stadt ein Fahrradmarkt statt.
Dort gibt es viele Fahrräder zu kaufen. „Wir müssen früh dort sein, denn Frühaufsteher haben die besten Chancen“, sagt Papa.

Also gehen wir gleich nach dem Frühstück los.
Der Markt ist noch ganz leer. Wir suchen als Erstes nach einem Handfahrrad. Ich freue mich, als wir beim Stand neben dem Geländer ein schönes Fahrrad für mich finden. Vorsichtig darf ich eine kleine Runde fahren. Es klappt schon ganz gut. Als Nächstes kaufen wir für mich noch einen bunten Fahrradhelm, der vorn ein paar coole Bärenaufkleber hat.
„So tolle Helme hat es früher nicht gegeben“, sagt Papa.

2 Finde im Text die Wörter der Wortfamilien **fahr** und **früh**:
fahr: … früh: …

3 Ordne die Wörter nach den Wortfamilien.
Unterstreiche den Wortstamm: glücklich, …

glücklich | freundlich | schwimmen | Freundin | Glückspilz | Schwimmbad | Wettschwimmen | glücken | befreundet | Freischwimmer | Freundeskreis | Unglück

DU ICH **4** Ordne die Wörter nach den Wortfamilien. Was fällt dir auf? Besprich dich mit deinem Partnerkind.

singen | trinken | Sänger | Getränk | Gesang | Trinkbrunnen | gesungen | getrunken | Singspiel

5 Arbeitet mit der Arbeitstechnik auf der Seite 85. Die Lehrerin nennt eine Wortfamilie. Du und dein Gegenüber nennt Wörter aus dieser Wortfamilie.

Hier üben wir

1 Übe den Text: oder oder oder .

Radtour im Frühling

Als Radfahrer haben wir oft mit dem Wind zu kämpfen. Wenn er als Rückenwind bläst, kann er uns schnell anschieben. Kommt er aber als Gegenwind stark von vorn, bremst er unsere Fahrt. Manchmal weht er uns Staub ins Gesicht oder pfeift uns kalt um die Ohren. Wir müssen kräftig in die Pedale treten, um vorwärtszukommen.

Dabei kann man Luft weder sehen noch riechen. Sie liegt in einer Hülle um die Erde und wir bewegen uns darin. Sie kann ruhig, bewegt, kalt, heiß, trocken, feucht oder schlecht sein. Bewegte Luft spüren wir als Wind auf der Haut.

Beim Fahrradfahren können wir also schon mal schwitzen und Durst bekommen. Eine Trinkflasche mit Tee oder Wasser ist daher sehr nützlich.

die Radtour
der Wind
die Fahrt
der Staub
das Gesicht
das Ohr
die Hülle
das Fahrrad
der Tee
er bremst
er pfeift
sie liegt
kämpfen
riechen
bewegen
schnell
stark
kräftig
schlecht
nützlich

2 Finde Wörter aus dem Wortfeld **fahren**. Schreibe mit den Wörtern Sätze.

sausen steuern wandern flitzen humpeln

rasen bummeln klettern chauffieren stolpern

3 Ergänze die Anführungszeichen. Unterstreiche die Redebegleitsätze: „Das Fahren …

Das Fahren gegen den Wind ist anstrengend , behauptet Lisa.
Emilie stimmt zu: Das kräftige Treten in die Pedale macht müde.
Ich fahre sehr gern mit dem Rad, auch wenn es anstrengend ist!
sagt Paul.

4 Was haben die Wörter einer Wortfamilie gemeinsam? Schreibe in dein Lerntagebuch: L

Freizeit

ICH **1** Lies die Wünsche der Kinder. Was wünschst du dir am meisten? Überlege dir eine Begründung für deinen Wunsch.

DU ICH **2** Erzähle deinem Partnerkind von deinem Wunsch und begründe ihn. Wechselt euch ab.

Dann muss ich mich nicht mit meinen Geschwistern streiten, wenn ich etwas im Internet nachsehen will.

WIR **3** Tragt in eurer Klasse zusammen, welche fünf Wünsche am häufigsten genannt werden. Warum sind euch diese Wünsche so wichtig? Begründet.

4 Befragt andere Schüler aus eurer Schule, ob sie gleiche oder andere Wünsche haben. Erstellt dazu einen Interviewbogen. Fasst die Ergebnisse zusammen. Ihr könnt sie auf der Homepage eurer Schule veröffentlichen.

Diagramme verstehen

WIR **1** Viele Haushalte in Deutschland sind gut mit Medien ausgestattet. Welche Medien benutzt ihr in eurer Familie? Sprecht in der Klasse darüber.

DU ICH **2** 100 Kinder wurden befragt, welche Medien in ihren Kinderzimmern stehen.* Betrachte mit deinem Partnerkind das Diagramm. Was könnt ihr daraus ablesen?

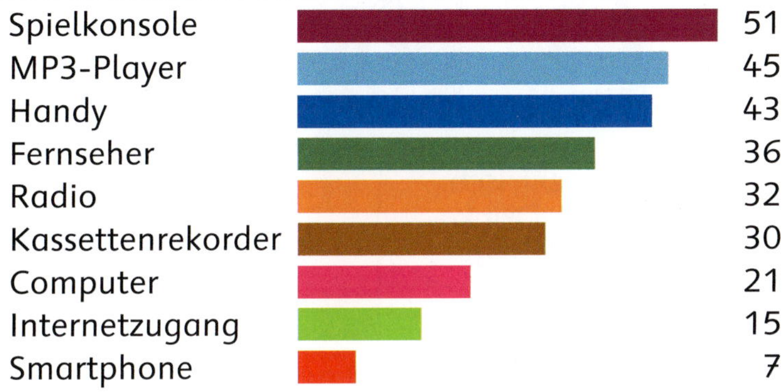

*Angaben in Anlehnung an die KIM-Studie 2012, 6- bis 13-Jährige

DU ICH **3** Überprüfe mit deinem Partnerkind die folgenden Aussagen zum Diagramm. Sind sie richtig? Begründet eure Aussagen mit Hilfe der Zahlen.

Fast die Hälfte der Kinder hat ein Handy.

Spielkonsolen sind genauso beliebt wie MP3-Player.

Kinder hören lieber Radio als fernzusehen.

15 von 100 Kindern haben einen eigenen Internetzugang.

Fast niemand hat einen Kassettenrekorder.

Du kannst Daten oder Zahlen in einem **Diagramm** zusammenstellen und auswerten, zum Beispiel in einem Balkendiagramm oder einem Kreisdiagramm (Tortendiagramm).

Balkendiagramm:

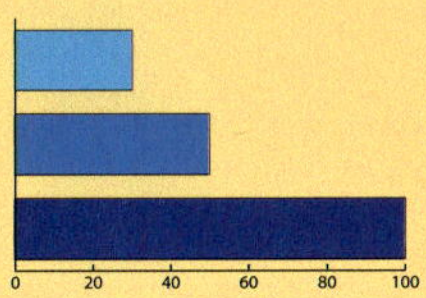

Kreisdiagramm:

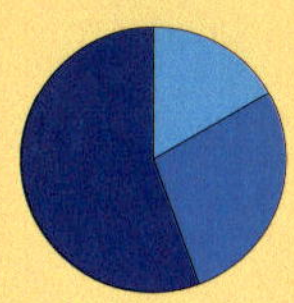

G **4** Könnt ihr ein eigenes Kreisdiagramm zur Nutzung von Medien in eurer Klasse erstellen? Arbeitet mit dem Computer und setzt euch ein zeitliches Ziel. Stellt das Ergebnis in der Klasse vor.

Schreiben S. 156

Werbewörter und Werbesprüche

1 Erzähle zu den Bildern. Wie wird in den Medien und auf Plakaten auf die Produkte aufmerksam gemacht?

2 Sammelt Werbewörter und Werbesprüche, die ihr in eurer Umgebung, im Internet oder in Zeitschriften entdeckt. Gestaltet eine Werbecollage.

> In Werbetexten werden viele Adjektive und oft englische Wörter benutzt.

3 Untersuche die Werbetexte aus Aufgabe 1 und eure gesammelten Werbungen. Schreibe alle Adjektive und englischen Wörter auf:
Adjektive: echt, … englische Wörter: Dragon, …

DU ICH **4** Wähle mit deinem Partnerkind einen Gegenstand und erfindet einen Werbespruch dafür. Verwendet möglichst viele Adjektive und englische Wörter.

WIR **5** Stellt eure Werbung in der Klasse vor. Gebt euch gegenseitig Rückmeldung.

Euer Werbespruch wäre etwas moderner, wenn ihr auch ein englisches Wort verwenden würdet.

…

S. 136 Sprache untersuchen

Adjektive mit Nachsilben

G **1** Mit welchen Adjektiven kann man für welches Produkt werben?
Ordnet gemeinsam zu. Manche könnt ihr mehrmals verwenden.

modisch • lustig
fantastisch
sportlich • nützlich
unempfindlich
handlich • knallig
farbig • auffällig
billig • magisch
spurlos • poppig
umweltfreundlich
praktisch • trendig

2 Ordne die Adjektive nach ihren Nachsilben:
-isch: modisch
-ig: …
-los: …
-lich: …

3 Verwandle die Nomen in Adjektive mit Nachsilben:
Angst – ängstlich, …

Angst	Fleiß	Automat	Erfolg	Sport
Ende	Kraft	Sturm	Herz	Neugier
Herr	Schmutz	England	Zahl	Kritik

-lich	-isch
-ig	-los

DU ICH **4** Lies den Text aus einem Werbeprospekt des Dragon-Parks.
Finde für die Lücken werbewirksame Adjektive.
Begründe deine Auswahl deinem Partnerkind.

Unser ___ Freizeitpark ist ein Muss für alle ___ Kids: ___ Drachenkämpfe, ___ Ritterspiele, ___ Burgfeste und alles, was man von einem ___ Tag erwartet, findet ihr auf unserem ___ Gelände. ___ war gestern! Wir organisieren auch ___ Geburtstagspartys, ___ Klassenfahrten und vieles mehr.
Informiert euch auf unserer Homepage!

mutig • riesig
gigantisch
vergnüglich
spaßig • lustig
gefährlich
langweilig
fantastisch
gruselig

ks-Laute (M)

DU ICH **1** Lies den Text laut. Überlege mit deinem Partnerkind: Was haben die unterstrichenen Wörter gemeinsam?

Am Wochenende besuchten Franziska und Axel mit ihrer Tante Tina den Bayerwald-Tierpark in Lohberg. Nach der Anreise mit dem Zug fuhren sie etwa sechs Kilometer mit dem Taxi. Im Tierpark liefen die Kinder zu den Luchsen, die sie besonders interessierten. Plötzlich jubelte Axel: „Da hinter dem verwachsenen Baum schaut einer hervor!" „Komm doch näher zu uns, wir sind extra wegen dir hier!", bettelte Franziska. Sie hätte das Wildtier am liebsten hergehext. Bei den Füchsen und Wölfen hatten die Kinder später mehr Glück. Zuletzt machte sich Axel mit einem Eis noch einen Klecks auf sein T-Shirt und Franziskas Keks krümelte.

> Wörter mit einem ks-Laut schreibst du unterschiedlich:
> der Te**x**t, der Da**chs**, der Mur**ks**, der Kna**cks**.
> Diese Wörter sind Merkwörter.

2 Beachte bei den unterstrichenen Wörtern in Aufgabe 1 die Schreibung des ks-Lautes. Schreibe die Wörter auf:
x: Axel, …   chs: …   cks: …   ks: …

3 Finde in der Wörterliste oder im Wörterbuch weitere Wörter mit ks-Laut: der Mixer, …

G **4** Einige Wörter, in denen man **ks** hört, sind keine Merkwörter. Du kannst ihre Schreibung ableiten. Wie heißen die Ableitungswörter? Sprecht in eurer Gruppe darüber.

links   mittags   allerdings   tagsüber

WIR **5** Sprechen die Kinder in eurer Klasse noch andere Sprachen? Gibt es in diesen Sprachen auch ks-Laute? Diskutiert darüber.

S. 102

Hier üben wir

1 Übe den Text: oder oder oder .

Was Kinder sich am meisten wünschen

Die Kinder der 4a haben eine Liste mit ihren Wünschen geschrieben. Manche Kinder hätten gern ein Handy. Viele wünschen sich einen Computer mit Netzanschluss. Als Grund dafür wurde zum Beispiel genannt: Dann kann ich chatten, surfen, mailen und gucken, was mir gefällt. Manche Kinder möchten ihre Texte am Computer schreiben. Axel hat zum Beispiel eine lustige Geschichte geschrieben. Sie handelt von einem Fuchs, der sechs Tage lang in einem Taxi mitfährt. Auch über Werbung haben die Kinder gesprochen. Sie hat eine besondere Sprache. Sie benutzt viele Adjektive oder englische Wörter.

Einige Kinder haben im Internet nach Informationen zum Thema „Mode" gesucht und die Seiten ausgedruckt.

das Handy
der Computer
das Netz
der Anschluss
der Grund
das Beispiel
der Text
der Fuchs
das Taxi
das Adjektiv
die Information
das Thema
die Mode
es gefällt mir
sie benutzt
genannt
geschrieben
ausgedruckt
chatten
surfen
mailen
lustig

2 Schreibe die Wörter auf.
Notiere dahinter ein passendes Übungswort.

grundlos thematisch gefällig du druckst
Lust benutzen Mail informativ

3 Schreibe von den Verben die Personalform mit **du**: du liegst, ...

liegen singen steigen trinken erschrecken

4 Schreibe alle Wörter des Übungstextes auf, die aus dem Englischen kommen.
Finde eine Übersetzung für diese Wörter und notiere sie daneben.
Ein Wörterbuch oder das Internet helfen dir: Computer: Rechner, ...

5 Was hast du über die Sprache der Werbung gelernt?
Wobei kann dir dieses Wissen nutzen? Schreibe in dein Lerntagebuch: L

Wie wir leben

1

2

4

3

5

ICH **1** Sieh dir die Fotos an. Hast du solche Häuser schon einmal gesehen?

DU ICH **2** Überlege mit deinem Partnerkind bei jedem Haus, warum es wohl auf diese Art und Weise gebaut wurde.
Oder: Findet Bilder von weiteren besonderen Häusern.

G **3** Findet in eurer Gruppe heraus, wo die Häuser 2, 3 und 5 stehen. Nutzt dazu das Internet.

China · Deutschland · Neuguinea · West- und Zentralasien · Marokko

Informiert euch im Internet, wie die Menschen in diesen Ländern leben, wie sie aussehen und wie sie gekleidet sind. Gestaltet Länderplakate.

Ein Bauwerk beschreiben

1 Ordne den Häusern von Seite 66 die passenden Sätze zu:
1. Wir wohnen …

Wir wohnen in einer Hochhauswohnung.

Wir wohnen in einer Baumhütte.

Wir leben in einem großen Zelt.

Wir leben in einem Haus mit einem Stockwerk und einem Dachgeschoss.

Wir wohnen in einem Haus, das aus Lehmziegeln gebaut ist.

Wir bauen es in der Wüste auf und nehmen es mit, wenn wir weiterziehen.

Das Haus steht zwischen anderen Lehmhäusern vor einem Palmenwald.

Unser Haus steht am Stadtrand und hat einen Garten.

Das Hochhaus liegt mitten in der Stadt und hat über zwanzig Stockwerke.

Unsere Hütte steht im Urwald in einer Siedlung mit vielen anderen Hütten.

Es hat zwei Stockwerke und nur kleine Fensteröffnungen.

Es wird aus Stäben, Tüchern, Filz und Seilen gebaut.

Auf dem Dach ist eine Solaranlage angebracht.

Die Hütte ist aus Ästen und Palmwedeln gebaut.

Unsere Wohnung hat einen kleinen Balkon.

In der Mitte steht ein Ofen und am Rand stehen unsere Betten.

Über eine Leiter gelangt man in den einzigen Raum unserer Hütte.

Die Wohnung hat drei Zimmer, eine Küche und ein Badezimmer mit Toilette.

Durch die mit Lehm verputzten Wände ist es im Haus angenehm kühl.

Ich habe ein eigenes Zimmer im Dachgeschoss.

Nenne bei einer Beschreibung zuerst das Bauwerk und beschreibe es dann genauer. Nutze Verben in der Gegenwart. Wähle passende Fachbegriffe und treffende Adjektive.

2 Wo wohnst du? Beschreibe das Gebäude: Ich wohne …

Ein Thema präsentieren

WIR **1** Auf dem 1. Weltkindergipfel 1990 in New York verpflichteten sich Regierungen aus der ganzen Welt zur Anerkennung von Kinderrechten. Lest die Rechte und besprecht, was sie bedeuten.

Das Recht auf Gleichbehandlung unabhängig von Herkunft und Geschlecht	Das Recht auf einen Namen und eine Staatszugehörigkeit
Das Recht auf Gesundheit und ausreichende Ernährung	Das Recht auf Bildung und Ausbildung
Das Recht auf Freizeit, Spiel und Erholung	Das Recht, sich zu informieren und gehört zu werden
Das Recht auf eine gewaltfreie Erziehung	Das Recht auf Hilfe in Notlagen und auf Schutz vor Vernachlässigung
Das Recht auf eine Familie und ein sicheres Zuhause	Das Recht auf Betreuung bei Behinderung

G **2** Formuliert zu den Kinderrechten konkrete Ideen. Sammelt sie auf einem Plakat.

G **3** Ihr könnt über das Thema auch mündlich in Form eines Referats informieren. Worauf müsst ihr dabei achten? Diskutiert in eurer Gruppe.

deutliche Aussprache | Körperhaltung | hübsch aussehen | Vortrag üben | interessanter Einstieg | sehr laut reden | Blickkontakt zum Publikum | …

Mehrfach zusammengesetzte Wörter

DU ICH **1** Lies die Wörter.
Achte auf den Wortstamm und die Bedeutung der Wörter.
Was fällt dir auf? Besprich dich mit deinem Partnerkind.

Glück glücklich unglücklich glücklos

Wörter können aus einem oder mehreren Wortbausteinen bestehen: **Vorsilbe, Wortstamm, Nachsilbe**. Wortbausteine können die Wortart und die Bedeutung des Wortes verändern:
das Glück glück lich un glück lich.
Manche Wörter haben mehrere Vorsilben: **un-auf**-merk-sam.
Manche Wörter haben mehrere Nachsilben: die Herz-**lich-keit**.

2 Zerlege die Wörter in ihre Wortbausteine. Unterstreiche die Wortbausteine farbig: Vorsilbe, Wortstamm und Nachsilbe: un-vor-teil-haft, …

unvorteilhaft vertraglich unmenschlich ausländisch

bedürftig nachteilig unverantwortlich vertreten

3 Setze die Wortbausteine zu Wörtern zusammen. Schreibe sie auf.

Vorsilben		Wortstamm			Nachsilbe
ver-	ent-	schütz	beut	bot	-en
be-	aus-	schlepp	führ	kauf	-t

4 Lies den Text über das Recht der Kinder auf Schutz vor Ausbeutung und Gewalt. Setze die Wörter aus Aufgabe 3 passend ein.

Jede Gewalt gegen Kinder ist ___. Alle Länder, die die UN-Kinderrechtskonvention unterschrieben haben, sind verpflichtet, die Kinder zu ___. Niemand darf die Gesundheit eines Kindes, seine Arbeitskraft oder gar seinen Körper ___. Niemals dürfen Kinder ___ oder gekauft, ___ oder gegen ihren Willen ins Ausland ___ werden.

Wörter mit ß

DU ICH **1** Lies die Wörter. Wie wird der Vokal vor dem **ß** gesprochen: lang oder kurz? Berichte deinem Partnerkind.

das Floß | die Straße | groß | der Spaß | fraß | stoßen

Der s-Laut wird nach einem betonten langen Vokal oder Umlaut und nach einem Zwielaut **ß** geschrieben: Straße, Grüße, draußen.

2 Lies Konstantins Brief über den Weltkindergipfel.

> Liebe Kinder in Deutschland, 2. Juni 2002
>
> ich habe am Weltkindergipfel 2002 teilgenommen und saß im Saal der UNO. Die Begegnung mit den vielen Kindern aus der ganzen Welt hat mich stark beeindruckt. Sehr traurig haben mich die Berichte der Kinder aus Afrika gemacht. Viele müssen stundenlang barfuß auf der Straße zur Schule laufen oder sogar den ganzen Tag arbeiten. Bei ihnen zu Hause gibt es oft nicht genug zu essen und meistens auch kein fließendes Wasser. Als wir zu Abend aßen, erzählten sie uns außerdem, dass das Trinkwasser in den Flüssen oft verseucht ist. Als ich schließlich wieder im Flugzeug nach Deutschland saß, dachte ich, wie wichtig es ist, dass der Weltkindergipfel regelmäßig stattfindet. Die Regierungen müssen aber die Beschlüsse besser umsetzen.
>
> Es grüßt euch herzlich
>
> Konstantin Stern

3 Finde im Text alle Wörter mit **ß**. Markiere das **ß**: saß, …

4 Ordne die Wörter nach Wortfamilien.
Finde zu jeder Wortfamilie mindestens ein weiteres Wort:
groß: …, maß: …, schließ: …

Großstadt | Vergrößerung | abschließen | Maßband | erbsengroß
planmäßig | ausschließlich | Schließfach | Größenordnung | Eheschließung
anmaßend | Ermäßigung

S. 104 Richtig schreiben

Hier üben wir

1 Übe den Text: oder oder oder .

Kinder helfen Kindern

Im Unterricht sprechen die Kinder über Kinderrechte. Sie wissen, dass es sehr große Unterschiede gibt, wie Kinder auf der ganzen Welt leben und aufwachsen. Viele sind benachteiligt. Sie können nicht regelmäßig zur Schule gehen und oft ist die Prügelstrafe eine Selbstverständlichkeit. In einigen Ländern gibt es nicht genügend Nahrung, sodass nicht alle Einwohner satt ins Bett gehen können. Viele Organisationen kämpfen für die Rechte von Kindern. Nun wollen auch die Kinder der Klasse 4 aktiv werden. Mit den Eltern bereiten sie einen Flohmarkt vor. Alle sollen Dinge von zu Hause mitbringen, die sie selbst nicht mehr brauchen, die aber für andere Menschen interessant sein könnten.

Mit selbst gemalten Plakaten werben sie auf der Straße für ihre Aktion. Außerdem stellen sie beim Kiosk eine Spendenbüchse auf. Das eingenommene Geld übergeben sie einer Hilfsorganisation.

der Unterricht
der Unterschied
die Nahrung
der Einwohner
der Flohmarkt
die Straße
der Kiosk
die Büchse
das Geld
die Organisation
es gibt
aufwachsen
kämpfen
groß
regelmäßig
genügend
aktiv
interessant
viele
selbst
außerdem

2 Zerlege die Wörter in Wortbausteine.
Unterstreiche den Wortstamm und finde das Gegenteil:
un<u>glück</u>lich – glücklich, …

unglücklich | unverantwortlich | ungenügend | unschuldig | ungenau

3 Schreibe aus dem Übungstext die Wörter mit ß auf.
Ergänze weitere Wörter mit ß aus der Wörterliste: große, …

4 Wie bereitest du dich auf einen Vortrag oder ein Referat vor?
Was klappt schon gut? Welche Schwierigkeiten hast du noch?
Schreibe in dein Lerntagebuch: L

Sommer

Vincent van Gogh: Mittagsrast

ICH **1** Der Maler van Gogh malte 1889 Bauern bei der Ernte. Betrachte das Bild. Woran erkennst du, dass das Gemälde über hundert Jahre alt ist? Sammle Stichworte.

> Früher gab es …

> Die Menschen auf dem Bild …

DU ICH **2** Wie könnte der Sommertag der beiden abgebildeten Personen bisher verlaufen sein? Wovon träumen sie gerade? Was passiert, wenn sie aufwachen? Besprich dich mit deinem Partnerkind.

G **3** Denkt euch in kleinen Gruppen eine Geschichte aus, die zu diesem Bild passt.

WIR **4** Spielt eure Geschichten in der Klasse vor.

Von Ereignissen berichten

1 Lies den Text über die Hitze in Bayern.

Anhaltende Hitze und Trockenheit lassen die akute Gefahr von Waldbränden im Bayerischen Wald bestehen. Im niederbayerischen Oberried hat die Hitze am Montag bereits einen Waldbrand verursacht. Etwa 100 Quadratmeter Waldboden sind dabei verkohlt. Zahlreiche Feuerwehren aus Oberried und dem Umkreis kamen mit großen Feuerwehrautos voll Löschwasser. Waldbrände sind besonders tückisch. Sie brennen

nämlich oft unter der von Nadeln bedeckten Oberfläche weiter und bleiben zunächst unentdeckt. Die Feuerwehr appelliert daher an Touristen und Einheimische, vorsichtig zu sein. Wegen der Brandgefahr sind Lagerfeuer und Rauchen im Wald verboten. Aber auch weggeworfene Glasflaschen können wie Brenngläser wirken und Brände verursachen.

2 Schreibe die Sätze aus dem Text ab, die auf diese Fragen antworten: Wo und wann ist etwas passiert? Was ist geschehen? Wer war beteiligt? Was ist die Folge? *Im niederbayerischen …*

Achte in einem Bericht über ein Ereignis auf vollständige Angaben:
Wo? Wann? Was? Wer? Was ist die Folge?
Ordne die Informationen logisch an.
Schreibe sachlich und in der 1. Vergangenheit.

3 Schreibe den Text mit den passenden Angaben auf:
Feuerwehrleute im Nationalpark …

Feuerwehrleute • seit vergangenem Dienstag • am Samstag • bei Finsterau auf einer Fläche von rund 5000 Quadratmetern • im Lusengebiet

_____ im Nationalpark Bayerischer Wald schafften es _____ endlich, einen Brand _____ vollständig abzulöschen. Der Brand _____ hielt die Feuerwehr _____ in Atem. Dabei ist der Wald _____ verbrannt.

DU ICH **4** Suche mit deinem Partnerkind in einer Zeitung nach Meldungen über Brände oder andere Unglücksfälle. Findet ihr alle Angaben wie oben?

Ortsangaben und Zeitangaben

1 Ergänze die Lücken passend und schreibe die Sätze auf.
Unterstreiche die ergänzten Satzglieder in den jeweiligen Farben:
Die Kinder sitzen im …

1. Die Kinder sitzen ___.
2. Der Unterricht endet ___.
3. Franziska läuft schnell ___.
4. Der Vater holt Franziska ___ ab.

DU ICH **2** Auf welche Fragen antworten die ergänzten Satzglieder?
Überlege mit deinem Partnerkind.

> Ein Satz kann durch Ortsangaben und Zeitangaben erweitert werden.
> Mit den Fragen **Wo? Woher? Wohin?** findest du die Ortsangaben:
> Oma wohnt **in der Türkei**.
> Mit **Wann? Seit wann? Wie lange? Wie oft?** findest du die Zeitangaben:
> Oma kommt **dieses Jahr** zu Besuch.

DU ICH **3** Lies mit deinem Partnerkind abwechselnd die Sätze.
Findet für jeden Satz passende Ergänzungen des Ortes und der Zeit.
Die Vorschläge helfen euch: *Paul feiert heute seinen Geburtstag am Weiher. …*

um drei Uhr | dort | heute | am Weiher | nach Hause
am Abend | bis zur kleinen Insel | ein paar Minuten

Paul feiert ___ seinen Geburtstag ___.

Er ist ___ mit seinen Freunden ___ verabredet.

Pauls Vater rudert die Kinder ___ mit dem Boot ___.

Alle gehen ___ fröhlich ___.

4 Schreibe den Text auf.
Unterstreiche Ortsangaben orange und Zeitangaben lila.

S. 130 Sprache untersuchen

Redewendungen

DU ICH **1** Lies den Text mit deinem Partnerkind.
Welche Redewendungen dürft ihr nicht wörtlich verstehen, weil sie eine andere Bedeutung haben? Sprecht darüber.

Am Morgen der Leichtathletik-Kreismeisterschaft fällt der Waakirchener Sportlehrer aus allen Wolken: Zwei der besten Sportler sind verletzt. Herr Kruse zerbricht sich den Kopf, wen er als Ersatz mitnehmen könnte. „Wir dürfen den Kopf nicht in den Sand stecken. Wenn sich alle ein Bein ausreißen, haben wir trotzdem Chancen auf den Sieg!" So feuert der Lehrer sein Team tüchtig an. Tatsächlich gelingt es ihnen, alle anderen Mannschaften in die Schranken zu weisen. Herrn Kruse fällt ein Stein vom Herzen. Froh und mit dem Siegespokal im Gepäck treten die Waakirchener die Heimfahrt an.

2 Schreibe zu den Redewendungen aus dem Text ihre übertragene Bedeutung:
aus allen Wolken fallen – eine unschöne Überraschung erleben, …

Redewendungen sind bildhafte Ausdrücke.
Du drückst damit das eigentlich Gemeinte anschaulich in Bildern aus:
Elias **tanzt** seinen Lehrern manchmal **auf der Nase herum**.
Elias macht in der Klasse manchmal, was er möchte.

3 Schreibe die Redewendungen mit ihrer übertragenen Bedeutung auf.
Oder: Male ein witziges Bild zu einer der Redewendungen.

Mir platzt gleich der Kragen.

Mutter malt immer den Teufel an die Wand.

Da fresse ich einen Besen.

Wer hat dir diesen Floh ins Ohr gesetzt?

…

4 Sprechen Kinder in eurer Klasse noch eine andere Sprache?
Gibt es in diesen Sprachen auch Redewendungen? Tauscht euch darüber aus.

Strategien anwenden 3

DU ICH **1** Schreibe den Text ab. Ergänze in den Lücken: **ä/äu** oder **e/eu**.
Wie findest du die richtige Schreibung?
Erkläre deinem Partnerkind dein Vorgehen.

Zum __nde der Grundschulzeit f__hrt Peters Klasse im Sommer für drei Tage in den Oberpf__lzer Wald. Ganz in der N__he der Gr__nze zu Tschechien br__chen die Schüler zu einer Nachtwanderung auf. Peter ist etwas mulmig zumute, obwohl er sonst nicht so __ngstlich ist.
„Was ist das bloß für ein Geh__le?“, fragt er mit klappernden Z__hnen seine Lehrerin. Frau Schöpf erkl__rt: „Das sind vermutlich Waldk__ze. Hier gibt es viele __len.“ Peter ist froh. Er kann die n__chtliche Wanderung durch die dunklen B__me und Str__cher jetzt genießen und bewundert besonders den schönen St__rnenhimmel.

2 Schreibe die Lückenwörter mit **ä/äu** aus Aufgabe 1 mit ihrer Ableitung auf.
fährt – fahren, …

3 Bilde Wörter der Wortfamilie **Wald**: Nadelwald, …

Nadel • Laub • Märchen Regen • Berg Sommer • be • ur	WALD WÄLD	Fest • Weg • Spaziergang • Lauf Rand • Ameise • Brand • Erdbeere reich • er • ung • chen • en • et • ig

4 Bei welchen Wörtern hilft dir ein Verlängerungswort, um die richtige Schreibung zu finden? Schreibe zuerst die Wörter mit Verlängerungswort auf. Schreibe dann die Merkwörter:
geht – gehen, …
(M) …

geht	Märchen	muss	kann	See	Schwimmbad
Lehrerin	Mann	sieht	Klassenfahrt		Sommerabend
wild	wahr	mulmig	zehn	Laib	Taxi

S. 112 Richtig schreiben

Hier üben wir

1 Übe den Text: oder oder oder .

Es brennt

Die Waldbrandgefahr ist durch die Sommerhitze sehr hoch. Seit zehn Wochen hat es nicht geregnet. Die Feuertürme sind täglich besetzt und die Feuerwehr steht bereit. Gestern Mittag gab es Feueralarm. Am Waldrand stand die Böschung in Flammen. Schnell rückten die Wagen aus und fuhren zum Brandherd. Rauch stieg in die Höhe. Schon griff das Feuer auf Sträucher und Bäume über. Funken sprühten und das brennende Holz knackte und knisterte. Das Wasser klatschte nur so auf die Flammen. Nach zwei Stunden war der Brand gelöscht. Die Feuerwehrleute kontrollierten die ganze Nacht die Brandstelle. Erst am Morgen, als keine Stelle mehr qualmte, packten sie die letzten Geräte ein.

Die Reste der Bäume ragen traurig in den Himmel. Es wird viele Jahre dauern, bis auf dieser Fläche wieder Wald nachgewachsen ist.

der Brand
die Gefahr
die Hitze
die Feuerwehr
der Mittag
der Waldrand
die Höhe
die Brandstelle
das Jahr
die Fläche
sie stand
er stieg
es griff
es knackte
sie packten
regnen
kontrollieren
qualmen
traurig
täglich
zehn
mehr

2 Finde zu den Wörtern das passende Übungswort:
Kontrolle – kontrollieren, ...

Kontrolle   erhöht   Tag   gefährlich   Regen
flach   wehren   knackfrisch   erhitzt   Qualm

3 Stelle mit jedem Fragewort Fragen zum Text.
Schreibe die Antwort dahinter:
Seit wann hat es nicht geregnet? seit zehn Wochen

Seit wann?   Wo?   Wohin?   Wann?

4 Was gelingt dir gut, wenn du über ein Ereignis berichtest?
Wie kannst du dich noch verbessern? Schreibe in dein Lerntagebuch: L

3. Jo-Jo-Test

Wortfamilien

1 Setze möglichst viele Wörter mit dem Wortstamm **spiel** zusammen.

vor • nach • ab zu • Mit • Schau • ver Brett • Gesellschafts Schau	spiel Spiel	en • feld • er • figur • plan ball • zeug • t • uhr regeln • karte • gruppe platz • tag • straße

Adjektive mit Nachsilben

2 Verwandle die Nomen mit Hilfe der Wortbausteine in Adjektive.

Sonne	Beruf	Sturm	Erfolg	-los
Spaß	Ärger	Mode	Furcht	-ig
Vorsicht	Frieden	Neid	Treue	-isch
Durst	Glück	Kind	Zahn	-lich

3 Schreibe die Sätze mit den passenden Adjektiven aus Aufgabe 2.

Heute ist kaum eine Wolke am Himmel. Es ist ___.
Stefans Betteln war ___. Er bekam nicht mehr Taschengeld.
Im Herbst ist es oft ___, dann können wir unseren Drachen steigen lassen.
Katrin ist ganz ___, denn sie hat in der Mathearbeit eine 1 geschrieben.

ks-Laute

4 Schreibe zu den Bildern Wörter mit ks-Laut.

 ____________  ____________

 ____________  ____________

 ____________  ____________

Wörter mit ß

5 Schreibe die Sätze mit passenden Wörtern. Unterstreiche den langen Vokal, Umlaut oder Zwielaut vor dem s-Laut. Markiere **ß**.

Fußballschuhe groß weiß heiße begrüßen schießen außen reißt heiß Anstoß Fußballspiel fleißig

Ich ___ Tim. Heute ist mein erstes ___.
Ich habe ___ trainiert. Meine ___ sind neu.
Mein Trikot ist ___. Ich möchte gern ein Tor ___.
Ich spiele rechts ___. Wir ___ die Gegner.
Meine Aufregung ist ___.
Meine Stirn fühlt sich ganz ___ an.
Der Schiedsrichter ruft zum ___.
Mein Gegner ___ mich um.

Ortsangaben und Zeitangaben

6 Schreibe die Sätze ab. Unterstreiche die Ortsangaben rosa und die Zeitangaben lila.

Gestern ging ich um acht Uhr in die Schule.
Dort sprachen wir eine ganze Weile über die kommenden Sommerferien.
Um 12 Uhr bekamen wir im Klassenraum unsere Zeugnisse.
Wir hatten schon am Mittag Schulschluss und durften nach Hause gehen.

Strategien anwenden

7 Entscheide: **ä** oder **e**, **äu** oder **eu**.
Schreibe die vollständigen Wörter.

ä/e

T___ller
___rmel
gef___hrlich
w___rmer
z___rtlich
F___hler
T___lefon
G___rtner

äu/eu

H___ser
h___fig
F___er
tr___
K___fer
L___fer
f___cht
Kr___z
Kr___ter
h___len

Ich liebe Bücher

DU ICH **1** Bücher kann man nicht nur lesen, sondern auch hören oder als Film anschauen. Kennst du eins der abgebildeten Bücher oder Hörbücher oder einen der Filme? Tausche dich mit deinem Partnerkind aus.
Oder: Findet mit Hilfe des Internets heraus, worum es geht.

G **2** Welche Gemeinsamkeiten und Unterschiede haben das Buch, das Hörbuch und ein Film? Sprecht in eurer Gruppe darüber.

Ich habe festgestellt, dass …

WIR **3** Präsentiert die Ergebnisse eurer Diskussion in der Klasse.
Oder: Schreibt auf, welche der abgebildeten Bücher, Hörbücher oder Filme ihr ausleihen oder euch wünschen wollt.

Erwartungen an einen Text formulieren

1 Lies mit deinem Partnerkind den Anfang eines Absatzes aus dem Buch „Die wilden Hühner auf Klassenfahrt" von Cornelia Funke.
Worum geht es in diesem Teil des Buches wohl? Vermutet.

„Sie haben uns irgend so ein Zeugs auf die Kissen gestreut", flüsterte Wilma. „Während des Frühstücks, als …

2 Lest nun den gesamten Absatz. Bestätigen sich eure Vermutungen?

„Sie haben uns irgend so ein Zeugs auf die Kissen gestreut", flüsterte Wilma. „Während des Frühstücks, als Willi und Steve angeblich auf dem Klo waren. Kratzwunder heißt es, glaub ich." „Juckpulver! Die haben sich Juckpulver besorgt!" Melanie schüttelte sich. „Pfui Teufel, das ist wirklich gemein. Wo Trude doch sowieso gegen tausend Sachen allergisch ist." „Die fiese Sache werden sie selbst ausbaden", zischte Sprotte. „Kopfkissen kann man schließlich austauschen, oder?"

3 Finde für die beiden Absätze geeignete Zwischenüberschriften.
Lies sie deinem Partnerkind vor. Welche passt am besten?

Beim Frühstück wirkten alle verschlafen. Der dünne, rote Tee munterte sie nicht auf, und als Herr Staubmann auch noch einen ausgedehnten Spaziergang zum nächsten Ort ankündigte, sank die Stimmung auf den Nullpunkt. „Was sind denn das für lange Gesichter?", fragte er. „Wir werden immerhin zwei frühgeschichtliche Grabhügel besuchen." „Frau Rose wird nicht mitkommen", fuhr Staubmann fort. „Sie ist heute Morgen etwas unpässlich."

Genau in dem Moment hörten sie es. Ein scheußliches Gelächter auf dem Flur. Erschrocken guckten die fünf sich an. Dann kratzte irgendwas an ihrer Tür entlang. Wie der Blitz war Sprotte aus dem Bett. Sie griff nach der Klinke. „O nein, lass bloß die Tür zu!", rief Wilma. Aber Sprotte steckte schon vorsichtig den Kopf nach draußen. Im Nu standen die anderen Hühner hinter ihr. „Wer war das?", fragte Rita.

Cornelia Funke

Ein Buch vorstellen

WIR **1** Überlegt in der Klasse, wie ihr eure Buchvorstellungen organisieren wollt. Besprecht vorher wichtige Punkte, die ihr bei einer Buchvorstellung beachten müsst. Macht einen Plan, wer wann welches Buch vorstellt.

ICH **2** Wähle ein Buch aus. Bereite deine Buchvorstellung vor.

> Ich fertige ein Informationsplakat an
> und hänge es gut sichtbar auf.
> Ich wähle einen spannenden Textabschnitt
> und übe, ihn gut vorzulesen.

DU ICH **3** Besprich mit deinem Partnerkind, wie du deine Buchvorstellung noch interessanter gestalten kannst.

- Vergrößere Illustrationen aus dem Buch und hänge sie auf.
- Überlege dir ein Rätsel oder ein kleines Quiz zu deiner Buchvorstellung.
- Bringe Dinge mit, die im Buch erwähnt werden, zum Beispiel Gummibärchen, Juckpulver, ...
- Richte eine Leseecke mit Büchern des Autors oder der Autorin ein.
- Stelle Seiten aus deinem Lesetagebuch aus.
- Informiere dich, ob es das Buch als Hörbuch oder Film in der Bücherei gibt, und mache darauf aufmerksam.
- Wähle einige Kinder aus, die eine Szene aus dem Buch nachspielen.

WIR **4** Stellt eure Bücher in der Klasse vor.

> Ich hänge mein Plakat auf und
> informiere über mein Buch.
> Ich stelle die Autorin oder den Autor vor.
> Zuletzt lese ich den Textabschnitt vor.

Ein Autorenquiz erstellen

1 Lies die Informationen zu einer Autorin. Um wen handelt es sich wohl? Das Internet hilft dir, wenn du die Buchtitel eingibst.

Diese Autorin wurde am 10.12.1958 in Dorsten geboren. Erst durch ihre Arbeit als Illustratorin von Bilderbüchern kam sie selber zum Schreiben. Zu ihren zahlreichen Werken gehören Bücher wie „Gespensterjäger auf eisiger Spur“, „Herr der Diebe“ oder „Geisterritter“. Viele ihrer Bücher wurden verfilmt, zum Beispiel „Als der Weihnachtsmann vom Himmel fiel“ oder „Die wilden Hühner“.

2 Bildet kleine Gruppen, die sich für dieselbe Autorin oder denselben Autor interessieren. Schreibt den Namen des Autors oder der Autorin auf eine Karte. Notiert darunter eure Fragen.
Arbeitet nun mit Hilfe der Arbeitstechnik auf Seite 86.

Name:

Alter:

...

Buchtitel:

Verfilmungen:

Ihr könnt für das Quiz noch weitere Autorenkarten erstellen.

3 Veranstaltet in der Klasse ein Autorenquiz.
Nutzt dazu eure Karten. Lest euch Informationen vor, zum Beispiel Buchtitel. Die anderen raten, welcher Autor oder welche Autorin gemeint ist.
Oder: Gestaltet mit euren Karten ein Informationsbuch über eure Lieblingsautoren.

Wir lernen und üben gemeinsam

Ich arbeite allein

Ich lese die Aufgabe.
Ich überlege mir eine Antwort und schreibe sie auf.

Partnerarbeit

Ich vergleiche mein Ergebnis mit meinem Partnerkind.
Ich erkläre, wie ich die Aufgabe gelöst habe.
Wir schreiben eine gemeinsame Antwort.

Gruppenarbeit

Wir vergleichen unsere Ergebnisse und erklären, wie wir die Aufgabe gelöst haben.
Wir schreiben eine gemeinsame Antwort.

Präsentation und Lernplakat/Lerntagebuch

Wir präsentieren unsere Ergebnisse in der Klasse.
Wichtige Überlegungen schreiben wir auf ein Lernplakat und/oder in unser Lerntagebuch.

Im Doppelkreis lernen

Die Kinder deiner Klasse bilden einen inneren und einen äußeren Kreis. Ihr steht euch paarweise gegenüber.

Der Lehrer oder die Lehrerin nennt nun das Thema. Jeder tauscht sich mit seinem Partnerkind darüber aus.

Auf ein Signal hin oder nach einer bestimmten Zeit rücken die Kinder im Innenkreis einen Platz weiter nach rechts. Die Kinder im Außenkreis bleiben stehen.

Jetzt unterhält sich jedes Kind mit einem neuen Partnerkind über das Thema. Die Kinder rücken so oft weiter, wie die Lehrerin oder der Lehrer es angeben.

Fragen verschicken

Die Kinder deiner Klasse finden sich in Gruppen zusammen, die zum selben Thema etwas erfahren wollen, zum Beispiel zu einem Tier. Jedes Kind schreibt eine andere Frage zu dem Thema auf ein Kärtchen.

Dann tauschen die Kinder die Kärtchen mit denen einer anderen Gruppe. Diese hat Fragen zu einem anderen Thema aufgeschrieben, also zum Beispiel zu einem anderen Tier.

Jede Gruppe beantwortet nun die Fragen auf den Kärtchen, die sie erhalten hat. Die Kinder können dazu in Büchern oder im Internet nachschauen.

Dann werden die Kärtchen zurückgetauscht. Die Kinder lesen die Antworten auf ihre Fragen und sprechen in der Gruppe darüber.

Wörter und Texte richtig schreiben üben

Abschreiben 

Dosendiktat 

Partnerdiktat 

Achte darauf, dass andere deine Schrift gut lesen können.

Schleichdiktat 

Suche dir für deinen Übungstext einen besonderen Platz (Fensterbrett, Regal ...).

Lies den ersten Satz und präge dir die Wörter gut ein.

Schleiche an deinen Arbeitsplatz zurück und schreibe den Satz auswendig auf.

Übe so alle Wörter und Sätze.

Vergleiche zum Schluss mit der Vorlage. Streiche Fehlerwörter mit dem Lineal durch. Schreibe sie richtig darüber.

Fehlerwörter kannst du mit der Wörterkiste üben.

Ein Portfolio anlegen

Manchmal schreibt ihr im Unterricht zu einem bestimmten Thema Texte auf, malt Bilder dazu oder gestaltet etwas auf Papier.
Diese Dinge kannst du in einem Portfolio sammeln.

Du brauchst für dein Portfolio eine Sammelmappe oder einen Schnellhefter, einen Locher und Stifte.

Trage zusammen, was du in dem Portfolio sammeln möchtest.
Das können unterschiedliche Dinge sein, zum Beispiel Geschichten zu einem Thema, deine Steckbriefe von Tieren, deine Bilder von Pflanzen und so weiter.

Gestalte die erste Seite des Portfolios:
Schreibe in schöner Schrift eine Überschrift zum Inhalt.
Schreibe deinen Namen und die Klasse dazu. Ergänze auch das Datum, an dem du das Portfolio angelegt hast.

Ein Lerntagebuch führen

Denke über dein Lernen
und deine Arbeit nach!

Die Fragen am Ende
jeder Hier-üben-wir-Seite
helfen dir dabei:

Schreibe deine Gedanken
in Ruhe auf.

Lies dir noch einmal durch,
was du aufgeschrieben hast.

Fehlt noch etwas?

Wenn du möchtest,
kannst du zu deinem Eintrag
auch etwas kleben oder malen.

Nun kannst du der Klasse
deine gestaltete Seite zeigen
und vorlesen, was du in dein
Lerntagebuch geschrieben hast.

Nachschlagen im Wörterbuch

To – Tr | **Tr**

toll, die Tollwut
tol|len, er tollte
der **Toll|patsch,** die Toll-patsche, tollpatschig
die **To|ma|te,** die Tomaten
die **Tom|bo|la,** die Tombolas
der **Ton,** die Töne
der **Ton** (Bodenart)
die **Ton|ne,** die Tonnen
der **Topf,** die Töpfe

die **Trä|ne,** die Tränen, die Augen tränen
der **Tran|sis|tor,** die Transistoren
das **Trans|pa|rent,** die Transparente
der **Trans|port,** die Trans-porte, transportieren
die **Trau|be,** die Trauben
trau|en, sie traute mir,

A B C D E F G H

Die Buchstaben oben auf der Seite sind Leitbuchstaben.
Die fett gedruckten Wörter sind Hauptstichwörter.
Die anderen Wörter sind Nebenstichwörter.

Wörtersammlung

■ **Auto** (vergleiche auch: ■ Fußgänger, Fahrrad)

- Auto, Wagen, Fahrzeug S. 227, Personenkraftwagen (Pkw), Lastkraftwagen (Lkw), Krankenwagen, Tankwagen, Taxi, Autobus, Omnibus, Bus, Transporter
- Garage, Parkplatz, Parkuhr, Parkhaus
- Motor, Bremse, Getriebe, Reifen, Kofferraum, Auspuff, Rückspiegel, Blinker, Fahrersitz, Beifahrersitz, Sicherheitsgurt, Rücksitz, Gangschaltung, Automatik, Anlasser, Zündschlüssel, Gas, Lenkrad, Stoßstange, Fernlicht, Standlicht, Abblendlicht, Rücklicht

In vielen Wörterbüchern gibt es Wörtersammlungen zu einzelnen Themen wie „Auto" oder „Schule".

Wortfelder

■ **sprechen**

sprechen	Stefan **spricht** unverständlich.
sagen	**Sag** ihm bitte etwas Freundliches.
reden	Herr Meier **redet** ununterbrochen.
erwähnen	Im Brief an seine Großeltern **erwähnt** Klaus sein neues Fahrrad nur nebenbei.
plappern	Das Kleinkind **plappert** vor sich hin.
sich unterhalten	Sie **unterhalten sich** übers Fernsehen.
meinen	Claudia **meint**: „Ich spiele nicht mit."

Oft sind bestimmte Wortfelder aufgeführt, zum Beispiel „sprechen" oder „gehen".

Wortfamilien

■ **fahren**
die **Ausflugsfahrt**
Der Weg ist **befahrbar**.
eine **befahrene** Straße
die **Fahrbahn**
das **Fahrzeug**
der **Autofahrer**
Wer **vor**her **fahr**en darf, hat **Vorfahrt**.

ebenfalls
Die Miete ist **fällig**.
die **Mausefalle**
Tu mir den **Gefallen**!
Halte **gefälligst** den Mund!
Beifall klatschen
Der Kranke hat einen **Rückfall**.
Der Kranke hat **Durchfall**.

Manchmal sind auch Wortfamilien aufgeführt.

Bild-Wort-Lexikon

Zoo animals:

Oft findest du auch Wörter in anderen Sprachen.

Im Internet suchen

Nutze für deine Recherche im Internet eine Suchmaschine für Kinder und Jugendliche.

Besprich mit deiner Lehrerin oder deinem Lehrer, welche Suchmaschine du verwenden sollst.

Im Suchfeld deiner Suchmaschine gibst du ein, zu welchem Thema du Informationen finden möchtest.

Achte auf die richtige Schreibweise deines Suchbegriffs.

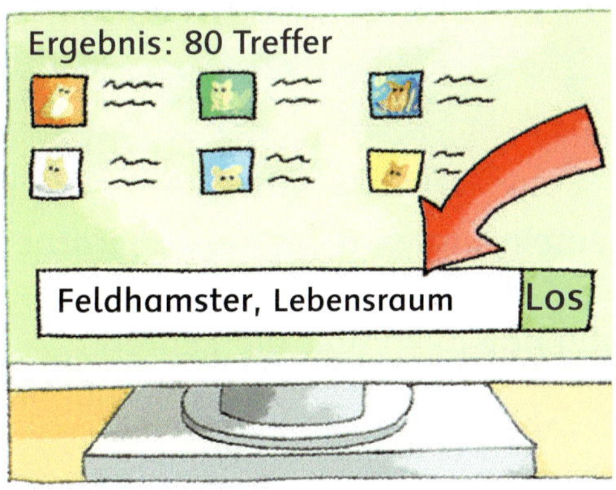

Manchmal ist die Ergebnisliste sehr lang und ungenau. Dann ergänzt du im Suchfeld weitere Stichwörter, die zu deinem Thema passen, und suchst noch einmal.

Ganze Sätze oder Fragen solltest du vermeiden, sie führen zu keinem Ergebnis.

Wähle einen Beitrag aus der Ergebnisliste aus. Lies den Beitrag durch und notiere wichtige Informationen.

Wenn der Beitrag keine passenden oder nicht alle Informationen enthält, suche erneut mit der Suchmaschine.

Die Schreibkonferenz

In der Schreibkonferenz kannst du dir von Experten bei deinem Text helfen lassen.

Bestimme deine Experten:
- Verständnisexpertin
- Ausdrucksexperte
- Rechtschreibexpertin

Das Autorenkind liest den Text vor.

Die Experten sagen immer zuerst, was ihnen gefallen hat.

Gemeinsam wird der Text überarbeitet.

Am Ende bekommt die Lehrerin den überarbeiteten Text zur Endkontrolle.

Wenn der Text ohne Fehler ist, kann er veröffentlicht werden, zum Beispiel in einem Geschichtenbuch.

Diskutieren

Bestimmt ein oder zwei Kinder,
die die Gesprächsleitung übernehmen.

Sie erteilen das Wort in der Reihenfolge
der Meldungen.

Sie achten darauf,
dass alle beim Thema bleiben.

Sie lassen abstimmen,
wenn ihr euch nicht einig seid.

So könnt ihr üben:
- eine Themenliste anlegen
- ein Kreisgespräch führen, dabei ein Redekissen zuwerfen

Wörter mit Doppelkonsonanten

DU ICH

1 Sprich die Wörter zu den Bildern. Überlege mit deinem Partnerkind: Welche Wörter musst du mit Doppelkonsonanten schreiben? Und warum?

2 Finde zu den Verlängerungen die passenden Wörter im Text. Schreibe die Wortpaare: rissen – riss, …

Herren, kaputte, schossen, rissen, Betten, gossen, schlimmer, schneller, Sinne, Arbeitsblätter, komplette, tolle, Türgriffe

Weil mein Wecker kaputt war, blieb ich zu lange im Bett. In der Küche goss ich mir ein Glas Saft ein. Schwups, kippte ich das Glas über meine Hose. „Toll! Jetzt kannst du dich komplett umziehen“, schimpfte ich mit mir. Schnell radelte ich los. Unterwegs kam mir mein Arbeitsblatt in den Sinn. Es lag zu Hause auf dem Schreibtisch. „Das wird Ärger geben!“, schoss es mir durch den Kopf. In der Schule angekommen, blieb ich mit meinem Ärmel am Türgriff hängen und riss ein Loch in meinen neuen Pulli. Mit hochrotem Kopf und den Tränen nahe stand ich schließlich vor meinem Lehrer. Tröstend sagte Herr Müller: „Das ist doch alles halb so schlimm!“

S. 4 Arbeitsheft

3 Schreibe die abgebildeten Nomen mit den passenden Adjektiven auf. Zeichne Silbenbögen, dann weißt du, wo du das Wort trennen musst:
die dünnen Arme, …

dünn | glatt | kaputt | schlimm | schlapp | satt | krumm | straff

DU ICH

4 Ergänze bei den Wörtern die Doppelkonsonanten. Manchmal gibt es mehrere Möglichkeiten. Vergleiche mit deinem Partnerkind: Habt ihr alle Möglichkeiten gefunden?

Gri___ Fa___ Nu___ Sta___ Bla___

Be___ Schwa___ He___ Ri___ Bi___

5 Bilde zur Gegenwartsform die Vergangenheitsformen mit **wir** und **er**: *schießen, wir schossen, er schoss, …*

schießen | schließen | pfeifen | reißen

beißen | greifen | gießen | schwimmen

6 Zerlege die zusammengesetzten Nomen und Adjektive. Achte auf die richtige Schreibung:
taghell: der Tag + hell, Schaffell: das Schaf + das Fell, …

taghell | Schaffell | Bierfass | Betttuch | Schlittenhund

Lammbraten | pudelnass | Badeschwamm | Küchenbrett

blitzschnell | leichenblass | Wortstamm | Wassertonne

Wörter trennen

1 Sprich die Nomen zu den Bildern. Schwinge die Silben.
Schreibe die Wörter mit Trennstrichen auf: Na-se, …

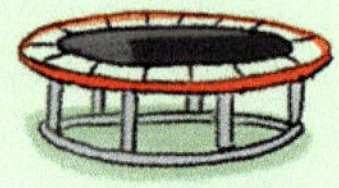

DU ICH

2 Setze die Silben zu Wörtern zusammen. Schreibe die Wörter mit Trennstrichen: Bau-ern-hof, …
Überprüfe deine Lösungen mit deinem Partnerkind.

HOF ERN BAU
BAUM AP FEL
HAUS TER MEIS
TAG GE BURTS
SCHRAU BER HUB

3 Schreibe die Wörter mit Trennstrichen in die richtige Spalte der Tabelle:

helfen Telefon Verkäufer Spielverderber
gehören Aufgabe Erdbeertorte Flugzeug
malen Musiklehrer reden Unterhose

zwei Silben	drei Silben	vier Silben
hel-fen	…	…

4 Schreibe die Wörter mit langem i-Laut am Ende der betonten Silbe mit Trennstrichen auf: Bie-ne, …

Biene Tiger Liebe ihres Ziege
Maschine Zwiebel Gardine geschrieben
Ihnen Riese schwierig verlieren

S.6 Arbeitsheft

5 Schreibe die grünen Wörter mit Trennstrichen auf. Denke an die besonderen Trennregeln: Son-ne, …

Die Sonne war gerade aufgegangen, als der Elefant von einem Kitzeln auf seinem Rüssel geweckt wurde. Er schnaubte und versuchte sich zu kratzen, aber er kam einfach nicht an die richtige Stelle. So nahm er sich einen der Äste vom Boden und versuchte es damit. „He! Lass das!“, hörte er eine piepsige Stimme. Der Elefant schielte hinab und sah eine Ameise. Sie mampfte ein paar Stücke von einer Ananas. „Ich teile gern mit dir“, sagte die Ameise. Der Elefant lehnte dankend ab und legte sich wieder hin. „Lass es dir schmecken!“, murmelte er, machte seine Augen zu und schlief weiter.

6 Löse die Rätsel. Schreibe die Lösungswörter mit Trennstrichen auf: Mann-schaft, …

Team ist ein anderes Wort für …
Nach dem Regen sind auf manchen Wegen viele …
Die Gewinnerin eines Turniers bekommt einen …
Welche Fächer du an welchem Tag hast, steht auf dem …
Wenn ich dich suchen soll, musst du dich erst …
Der Tag vor heute heißt …
Deine Schulsachen trägst du jeden Tag im …

DU ICH **7** Achtung, Fehler! Kontrolliere die Trennungen. Erkläre deinem Partnerkind deine Verbesserungen. Schreibt die Trennungen richtig auf: ret-ten, …

spa-zie-ren | re-tten | plöt-zlich | Ma-schi-ne | A-na-nas
Ze-hen | A-bend-ess-en | schi-mpfen | Frö-sche | Wo-che
A-mei-sen-hau-fen | Fens-ter | Tropf-en | kra-tzen
glüc-klich | schlamp-ig | Wäl-der | Ä-ste | Han-dy

Verlängern: silbentrennendes h

1 Welche Kuh passt zu welchem Strohballen?
Schreibe die Wortpaare und markiere **h**: Zehen – Zeh, …

2 Schreibe die Verben in der Grundform
und in der Personalform mit **du** und **er**. Markiere **h**:
gehen – du gehst, er geht, …

gehen • stehen • ziehen • drehen • nähen • leihen • blühen • sehen

3 Verlängere das Nomen zu jedem Bild.
Schreibe die Wortpaare:
Flöhe – Floh, …

4 Bilde mit den Nomen aus Aufgabe 3 zusammengesetzte Nomen:
Flohmarkt, …

Markt • Karton • Kitz • Biss • Elch • Sohle • Hirsch • Augen

5 Bilde auch aus diesen Nomen zusammengesetzte Nomen:
Kuhmilch, …

Kuh • Zehen • Spitze • Milch • Nagel • Stall

6 Bilde möglichst viele zusammengesetzte Nomen:
glühen + Birne: Glühbirne, ...

glühen • drehen
nähen • stehen

Birne • Orgel • Faden • Lampe
Kurs • Würmchen • Nadel • Tisch
Platz • Zahl • Maschine • Imbiss

7 Finde die passenden zusammengesetzten Nomen.
Schreibe die vollständigen Sätze:
Ein Weg, auf ...

Ein Weg, auf dem wir gehen, ist ein ▭.
Eine Maschine, mit der man nähen kann, ist eine ▭.
Ein Test, um das Sehen zu prüfen, ist ein ▭.
Ein Blech, auf dem man etwas backen kann, ist ein ▭.
Eine Kost aus rohem Gemüse ist ▭.

8 Heute ist Samstag. Schreibe in vollständigen Sätzen auf,
was jedes Kind tut: Anne weiht ...

Roller
einweihen

gehen
einkaufen

aufstehen
spät

nähen
Kuscheltier

mähen
Rasen

neue anziehen
Hose

Mamas ausleihen
Fahrrad

DU
ICH

9 Was machst du gern? Was machst du nicht gern?
Schreibe zu jedem Verb einen Satz: Ich gehe gern ...
Vergleiche deine Sätze mit deinem Partnerkind.
Sind eure Sätze ähnlich oder unterschiedlich?

gehen • stehen • anziehen • ausleihen • drehen

Ableiten: Wörter mit ä und äu

1 Finde zu den Ableitungen die passenden Wörter im Text.
Schreibe die Wortpaare: *Mauer – Gemäuer, …*

Mauer • Gast • rauben • Vorhang • Haufen
rauschen • Frau • Wahl • Goldfaden • Zahl

Die letzten Sommerferien verbrachten wir auf einer Burg. In den alten Gemäuern konnten wir fantastisch spielen.

Unser Gästezimmer war toll eingerichtet: An einer Wand hing das Porträt eines berühmten Räubers, in der Ecke stand ein Spinnrad und an meinem Himmelbett waren Vorhänge angebracht. Nachts wachte ich häufig von fremden Geräuschen auf und war froh, dass meine Eltern im gleichen Zimmer schliefen. Am letzten Abend gab es noch ein Burgfest. Als Burgfräulein durfte ich mir ein Kleid aussuchen. Ich wählte ein Spitzenkleid, das mit Goldfäden bestickt war, und sah damit wunderschön aus. Natürlich erzählte ich meinen Freundinnen jede Einzelheit von diesem Abend.

2 Finde zu den Wörtern mit **ä** und **äu** möglichst viele verwandte Wörter mit **a** und **au**: *träumen – Traum, …*

träumen	Bäder	bläulich	Sträuße
Räuber	zählen	ungläubig	Kämpfe

DU ICH

3 Werden die Wörter mit **e** oder **ä** geschrieben?
Begründe deinem Partnerkind:
Äste schreibe ich mit ä, weil …

_ste B_che Br_nde F_cher G_ld tr_gt schl_ft

f_llt f_ngt schw_rer h_rter k_lter _lter w_rmer

S. 12 Arbeitsheft

4 Bilde Wörter mit **ä** und **äu**. Finde passende Ableitungen und schreibe die Wortpaare: *prächtig – Pracht, …*

P*ckchen N*he qu*len kr*ftig Fl*che z*hlen pr*chtig

Ger*sch B*erin H*te tr*men S*getier Geb*de R*ber

5 Finde zu den Wörtern mit **ä** ein verwandtes Wort mit **a**:
Stärke – stark, …

St▢rke ▢rzte f▢rben n▢hen L▢nge

Ern▢hrung F▢hre ▢ngstlich k▢mmen

6 Schreibe jeden Satz mit dem passenden Nomen.
Überprüfe deine Rechtschreibung.

Ein Mann, der in einem Kaufhaus oder Supermarkt arbeitet, ist ein ▢.
Ein junges Schwein ist ein ▢.
Der Planet, auf dem wir leben, ist die ▢.
Das Gegenteil von Hitze ist ▢.
Eine Frau, die Blumen pflanzt, die Bäume schneidet und den Rasen pflegt, ist eine ▢.
Basilikum, Thymian und Bärlauch sind ▢.
Der Mann, der die Braut heiratet, ist der ▢.
Ein Raum, in dem ein Gast schläft, ist das ▢.
Der dritte Monat des Jahres ist der ▢.
Das, was bei jedem Menschen in der Brust schlägt, ist das ▢.
Das Gegenteil von jünger ist ▢.

ks-Laute (M)

1 Lies den Text laut.
In welchen Wörtern hörst du einen ks-Laut?
Schreibe diese Merkwörter auf und markiere die Schreibung des ks-Lautes:
sechs, …

Heute war einfach nicht Kilians Tag!
Zuerst läutete der Wecker schon um sechs Uhr.
Auf dem Schulweg lief er schnurstracks durch einen Hundehaufen. Sein Ärger wuchs dadurch nur noch.
In der Pause wurde er dann beim Boxkampf erwischt.
Zur Strafe musste er diesen Text schreiben.
Jetzt hat er aber Angst, dass Frau Fuchs damit nicht zufrieden ist.

2 Schreibe die verwandten Wörter auf und markiere die Schreibung des ks-Lautes.
Ergänze weitere verwandte Wörter:
extra, Extrawurst, …

extra • Hexe • Fuchs • Taxi • Hexenbesen • Gewächs
Extrawurst • wachsen • Füchsin • sechshundert • sechs
verhext • Großraumtaxi • Extrafahrt • ausgefuchst

G **3** Schreibe die Sätze ab.
Vervollständige dabei die Wörter mit ks-Laut: Ein Kinderlied …
Ein Kinderlied heißt: Fu___, du hast die Gans gestohlen.
Bei Opa essen wir gern Ke___e.
In einem Le___ikon werden viele Wörter erklärt.
In manchen Märchen gibt es eine He___.

DU ICH **4** Schreibe Sätze mit Wörtern mit ks-Laut.
Diktiere sie deinem Partnerkind.
Kontrolliert gemeinsam mit der Wörterliste oder einem Wörterbuch die richtige Schreibung der ks-Wörter.

S. 12 Arbeitsheft

5 Schreibe die Rätselsätze auf.
Ergänze die Lösungen. Es sind Wörter mit ks-Laut:
Den Teig verrühre ich mit einem Mixer. …

Damit verrühre ich den Teig: ▢
So viele Monate hat ein halbes Jahr: ▢
Das Tier lebt im Wald und hat einen roten, buschigen Schwanz: ▢
Dieses Auto hat am Bahnhof einen eigenen Parkplatz: ▢

Damit fällt man einen Baum: ▢
Dieses Tier ist ein rötlicher Fisch: ▢

6 Zeichne eine Tabelle.
Trage die Lösungswörter aus Aufgabe 5 ein:

Wörter mit x	Wörter mit chs
…	…

7 Lies den Text. Schreibe die blauen Wörter mit ks-Laut heraus.
Überlege, ob es ein Merkwort ist oder ob du das Wort verlängern kannst.
Ergänze die Verlängerungen oder markiere die Merkstelle:

zeigst – zeigen, …
Merkwort: Hexe, …

Die kleine Hexe Rosina muss ihren Besen zur Reparatur bringen. Sie fragt ihre Mutter: „Zeigst du mir den Weg zum Besenmacher?" „Ach, du steigst besser in ein Taxi, den Weg merkst du dir vielleicht nicht richtig", entgegnet die Mutter. Rosina spaziert zur Tür hinaus und geht links Richtung Taxistand. Sie steigt flugs in den nächsten Wagen. Unterwegs isst sie einen Keks. Da wird der Fahrer ärgerlich. „Du fliegst sofort wieder raus, du Krümelmund! Oder du bezahlst extra für die Reinigung!" Rosina flüstert leise: „Ene, mene, Federkiel, vier-fünf-sechs, wir sind am Ziel." Und schon steigt sie direkt vor dem Laden des Besenmachers aus.

Wörter mit ß

1 Ordne die Wörter nach Wortarten. Markiere in jedem Wort **ß**:
Nomen: …
Verben: …
Adjektive: …

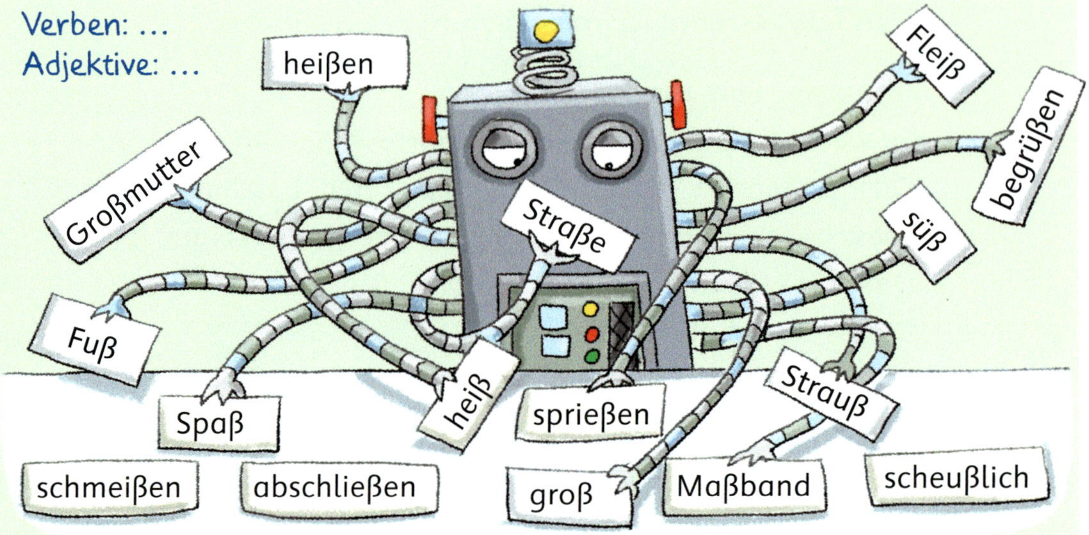

2 Lies die Wörter. Achte darauf, wie der Vokal vor dem s-Laut gesprochen wird: lang oder kurz? Erkläre abwechselnd mit deinem Partnerkind die Schreibung des s-Lautes.

draußen • süß • Kuss • Gruß • außer • wissen • heißen • Tasse

3 Hier stimmt doch was nicht! Finde zu jedem Adjektiv den Gegensatz. Schreibe die richtigen Sätze. Unterstreiche den langen Vokal, Umlaut oder Zwielaut. Markiere das **ß**:
Die Biene ist fleißig. …

Die Biene ist faul.

Die Schokolade ist sauer.

Der Riese ist klein.

Die Milch ist schwarz.

Das Feuer ist kalt.

S. 14 Arbeitsheft

4 Ordne die Verben nach ihrer Zeitform.
Unterstreiche den langen Vokal oder Zwielaut. Markiere das ß:
Gegenwart: ich weiß, ...
Vergangenheit: ...

ich weiß	wir beschließen	ich vergaß	er reißt
sie heißt	er fraß	ich gieße	wir ließen
wir saßen	ich aß	er maß	wir genießen

5 Bilde zusammengesetzte Nomen.
Unterstreiche den langen Vokal oder Zwielaut.
Markiere das ß: Reißverschluss, ...

reißen • schließen
stoßen • beißen
gießen • grüßen

Kanne • Verschluss
Fach • Ring
Stange • Karte

6 Nicht alle Wörter in einer Reihe haben denselben Wortstamm.
Schreibe nur die Wörter mit demselben Wortstamm: maßlos, ...

maßlos • Metermaß • maßgeschneidert • aß • Maßband

außerirdisch • außerdem • Außenseite • außerhalb

Spaßvogel • saßen • Spaßverderber • spaßeshalber • spaßig

7 Finde zu jedem Nomen die passenden Stichworte
im unteren Kasten. Schreibe Sätze:
Mit der Gießkanne gieße ich die Blumen. ...

Gießkanne • Heißluftballon • Spaß • Straße
Schweiß • Süßigkeiten • Strauß • Floß

hochsteigen • gern essen • afrikanischer Laufvogel • Autos fahren
Blumen gießen • selbst bauen • Sport treiben • Fußball spielen

Wortfamilien

1 Schreibe aus dem Text alle Wörter zur Wortfamilie lesen heraus.
Unterstreiche immer den Wortstamm **les**:
lese, …

Jeden Tag lese ich in meinem Märchenbuch. Dafür ziehe ich mich in meine Leseecke zurück. In diesem Lesebuch stehen viele Märchen aus Deutschland, aber auch aus anderen Ländern. Wenn ich abends ins Bett gehe, lege ich ein Lesezeichen in das Buch. So kann ich am nächsten Tag an der richtigen Stelle weiterlesen.
Besonders gern lese ich das Märchen von den vier Freunden in Indien: Es geht um drei belesene Jungen, die nicht auf den Rat ihres Freundes hören. Sie erwecken einen gefährlichen Löwen zum Leben und können sich nur knapp retten. Von nun an wollen sie immer auf ihren Freund hören.
Gestern habe ich das Märchen meiner Uroma vorgelesen. Mit ihrer Lesebrille auf der Nase hörte sie gespannt zu.

2 Bilde Wörter mit dem Wortstamm **geh**. Schreibe Nomen groß.
Unterstreiche in jedem Wort den Wortstamm:
weggehen, …

weg
be aus
vor auf
unter

geh

bar gips
en behindert
hilfe steig
weg wagen

3 In jeder Reihe hat ein Wort einen anderen Wortstamm.
Schreibe nur die Wörter mit dem gleichen Wortstamm:
heißblütig, …

heißblütig Heißluftballon Heiserkeit Heißhunger knallheiß
Haarfarbe behaart Kopfhaar haargenau ausharren
Schließfach beschließen Schleuse Schließung schließlich

S. 16 Arbeitsheft

4 Schreibe nur die Wörter der Wortfamilie **hohl/höhl**:
Hohlkreuz, …

Hohlkreuz Hohlkörper Hohlmaß holen
aushöhlen höllisch Höhle Erdhöhle verstohlen
Höhlenbär Abholung Höhlenmalerei hohl Hölle

5 Bilde Wörter. Unterstreiche in jedem Wort den Wortstamm:
Gefahr, …

ge	fahr	te park dung e
aus	fähr	lich erschein erhaus
ein	fuhr	unternehmen werk t
	führ	mann plan schule

DU ICH **6** Ergänze passende Wörter mit dem Wortstamm **fehl**.
Vergleiche deine Lösung mit deinem Partnerkind.

Im Unterricht ___ zwei Schüler.
Der Bogenschütze ___ nur knapp das Ziel.
Im Diktat macht der Schüler kaum ___.
Im Wettkampf versucht jeder Sportler, die Turnübungen ___ auszuführen.

7 Finde zu jedem Satz die Lösung. Schreibe die Sätze.
Unterstreiche in jedem Satz den gleichen Wortstamm:
Eine bekannte Alpenblume …

Eine bekannte Alpenblume ist das ___.

Ein Ei kann man in Eigelb und ___ trennen.

Dieses Brot wird aus hellem Mehl gebacken: ___.

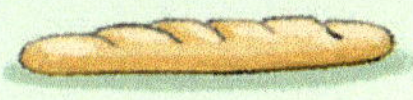

Ein altes, bekanntes Märchen heißt ___ und Rosenrot.

Diese Wurst ist eine bekannte Münchner Spezialität: ___.

DU ICH **8** Denke dir eigene Sätze zu einer Wortfamilie aus.
Kann dein Partnerkind die Wortfamilie erraten?

Strategien anwenden 1

1 Finde zu den Ableitungen die passenden Wörter im Text:
hauptsächlich – Hauptsache, …

rauben • Ast • Baum • kalt
Hauptsache • rauschen • Wald

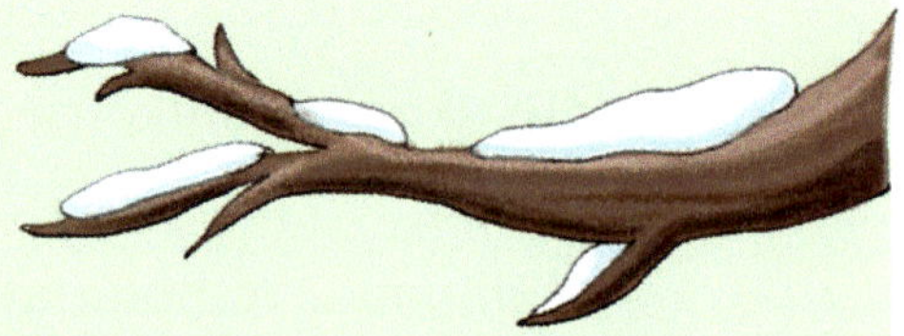

Luchse sind die größten europäischen Wildkatzen. Sie sind sehr scheue Tiere, die hauptsächlich in Wäldern leben. Ihr Fell ist sandfarben bis rotbraun oder braun bis grau. Die dunklen Punkte darauf sind eine perfekte Tarnung. Auf Ästen und zwischen Bäumen sind sie kaum zu entdecken. Die 4 cm langen Pinsel an den Ohren sind wie Antennen, damit können sie die Richtung von Geräuschen orten. Im Herbst bekommen Luchse einen dichten Winterpelz, der sie bei Kälte und Schnee schützt. Am Tag schlafen sie. Wegen ihres schönen Fells, aber auch, weil sie selbst Räuber von Nutztieren waren, wurden Luchse schonungslos gejagt und getötet. In Westeuropa waren diese Raubkatzen praktisch ausgerottet. Durch eine gezielte Ansiedlung findet man sie heute wieder in einigen Regionen Deutschlands, etwa den Alpen.

2 Finde zu den orange markierten Buchstaben von Aufgabe 1 eine passende Verlängerung, sodass du den Laut eindeutig hörst:
wild – wilde, …

3 Finde zu den Wörtern die passenden Ableitungen oder Verlängerungen: Zwerghase – Zwerge, …
Manchmal musst du zwei Strategien anwenden.

Zwerghase

Mäusebussard

Siebenschläfer

Mauersegler

Goldfisch

S. 18 Arbeitsheft

4 Finde zu diesen Pflanzennamen die passende Verlängerung oder Ableitung: Gänseblümchen – Gans, …

Gänseblümchen • Goldmargarite
Löwenmäulchen • Buschwindröschen

5 Suche in jeder Redewendung
- ein Wort, das du verlängern musst
- ein Wort, das du ableiten musst.

Schreibe die Wortpaare:
gezählt – Zahl, …

Wie das Fähnchen im Wind drehen.

Am Abend werden die Hühner gezählt.

Den Wald vor lauter Bäumen nicht sehen.

Bis dahin läuft noch viel Wasser den Berg hinunter.

6 Schreibe den vollständigen Text.
Der Löwe ist das größte Raubtier …

Könige • rauben • Mann • wilde
Weiber • jagen • leben

Der Löwe ist das größte ___ tier Afrikas. Als einzige ___ katze ___ er in Rudeln mit anderen Artgenossen. Mehrere ___ chen und Jungtiere bilden mit wenigen ___ chen solch ein Rudel.

Die Löwinnen kümmern sich um die Jungtiere und gehen gemeinsam auf die ___. Ihre Beute sind Säugetiere wie Zebras oder Antilopen. Durch lautes, drohendes Gebrüll werden Reviereindringlinge gleich verscheucht. Der Löwe wird auch als „ ___ der Tiere" bezeichnet.

Strategien anwenden 2

1 Finde zu diesen Verlängerungen die passenden Wörter im Text:
Urlaube – …

Urlaube kleben fleißige
Hände schluchzende fragen
besorgen schreiben Bilder

In meiner Nachbarschaft wohnt ein kleines Mädchen mit seinen Eltern und seinem Bruder. Es heißt Emma Schoppe. Wenn sie mich sieht, lächelt sie. Sie ist immer so fröhlich. Gestern aber weinte sie bitterlich. Dicke Tränen kullerten ihre Wangen hinunter. „Was ist los?“, fragte ich besorgt. Schluchzend erzählte sie, dass sie Willi, ihren Teddy, verloren hat. Sie hatte ihn im Urlaub bekommen. „Das ist ja ärgerlich“, sagte ich. Plötzlich hatte ich eine gute Idee. Ich nahm Emma an die Hand und ging mit ihr nach Hause. Fleißig bemalten wir Plakate mit einem Bild von Willi. Darauf schrieb ich VERMISST. Emmas Namen und ihre Telefonnummer notierte ich darunter. Wir klebten die Plakate an Baumstämme und Straßenschilder auf Parkplätzen. Es klappte tatsächlich. Zwei Tage später rief eine Frau an, die den Teddy gefunden hatte. Er lag im Park, hinter ein paar Bäumen. Emma war ganz aus dem Häuschen. Als sie ihren Bären endlich wieder in den Armen halten konnte, lachte sie glücklich und hüpfte vor Freude.

2 Finde zu jedem blauen Wort eine passende Ableitung:
lächeln – lachen, …

3 Finde weitere Wörter mit ä im Text.
Weil es keine Ableitung gibt, sind es Merkwörter.
Schreibe sie auf. Kreise ä ein:
Merkwörter mit ä: …

S. 20 Arbeitsheft

4 Setze die Sätze richtig zusammen.
Unterstreiche die Merkwörter mit **ieh**:
Ein Dieb stiehlt …

Ein Dieb	sieht	am hellen Tag.
Es	stiehlt	dem Dieb, die Hose zurückzuhängen.
Eine aufmerksame Frau	empfiehlt	eine Hose von der Wäscheleine.
Sie	geschieht	ihn vom Balkon aus.

5 Finde passende Verlängerungen oder Ableitungen:
packen – Päckchen, …

Päckchen • Plätzchen • Männchen • Säckchen
Kälbchen • Schnäppchen • Kännchen • Häppchen

6 Ordne die Wörter den passenden Zeichen zu: (⤻) (ϟ) (M).
Finde passende Verlängerungen oder Ableitungen:
(M) Hai, … (⤻) staubig – Staub, …

Hai • Staub • Schnee • Gefahr • Tiger • Käse • zehn • Abend • Käfer
Haar • sehr • Gespräch • Gebäude • ängstlich • häufig • hängt

7 Achtung: Verwechslungsgefahr!
Schreibe die Sätze mit den passenden Wörtern.

Er ___ mir etwas zu trinken an.
Das ___ (M) ist für 30 € zu mieten.
Was du sagst, ist nicht ___ (M).
In den Ferien ___ ich mit meinen Eltern am Meer.
Dieses ___ darfst du an Silvester länger aufbleiben.
Das ___ (M) hat sehr gut geschmeckt.

war – wahr
Mal – Mahl
bot – Boot

Strategien anwenden 3

1 Schreibe alle rot hervorgehobenen Merkwörter auf.
Markiere die Merkstellen: gefahren, ...

Bist du schon einmal mit dem Zug gefahren?
Die Erfolgsgeschichte der Eisenbahn begann vor knapp 200 Jahren.
Am 27. September 1825 wurde die erste öffentliche Eisenbahnstrecke der Welt unter der Bauleitung des Engländers George Stephenson eröffnet.
Die Strecke hatte eine Länge von 40 km und verband die englischen Städte Stockton und Darlington miteinander.

Die Lokomotive machte laute, pfeifende Geräusche und stieß gräulichen Rauch aus.
Die Erfindung der Eisenbahn war ein Meilenstein in der Geschichte:
Mit dem neuen Verkehrsmittel konnten nun große Distanzen bequem und kostengünstig zurückgelegt werden.
Während der folgenden Jahrzehnte wurde das Schienennetz stark erweitert. Und auch an den Zugmaschinen wurde weiter gearbeitet und getüftelt. So gelang es in späteren Jahren, Lokomotiven zu entwickeln, die noch mehr Gewicht ziehen und noch schneller fahren konnten.
Jetzt verging die Zeit der Reisenden fast wie im Flug.

DU ICH **2** Erkläre deinem Partnerkind die Schreibung der blau hervorgehobenen Buchstaben. Schreibe die Wortpaare: Engländer – England, ...

DU ICH **3** Erkläre deinem Partnerkind die Schreibung der grün hervorgehobenen Buchstaben. Schreibe die Wortpaare: Züge – Zug, ...

4 Schreibt alle Wörter mit farbiger Markierung aus dem Text auf Wortkarten. Arbeitet mit der Arbeitstechnik auf Seite 85.
Die Kinder im Außenkreis lesen ihren Partnerkindern eines ihrer Wörter vor. Das Partnerkind erklärt die Schreibung und seine Strategie. Wechselt euch ab.

S. 22 Arbeitsheft

5 Schreibe die rot hervorgehobenen Merkwörter.
Markiere die Merkstellen: sind, …

Drei Dinge waren und sind für jede Eisenbahn wichtig: das Rad, die Schiene und ein Antrieb. Schon früh wurde das Rad entwickelt. Damit die Räder der Fahrzeuge nicht im Untergrund einsackten, kamen schon die Griechen und später auch die Römer auf die Idee, Straßen mit Spurrillen zu bauen.

Im Mittelalter wurden in Bergwerken hölzerne Schienen verlegt. Holz war jedoch ein ungeeigneter Werkstoff für schwere Lasten, sodass ab 1750 gusseiserne Schienen zum Einsatz kamen. Da diese häufig brachen, wurden sie in den Anfängen des 19. Jahrhunderts von gewalzten Schienen abgelöst.

DU ICH

6 Finde für die blauen Buchstaben eine passende Strategie.
Erkläre abwechselnd mit deinem Partnerkind die Schreibungen.
Schreibe die Wortpaare, markiere die Merkstelle: wichtig – wichtige, …

7 Übe die Merkwörter aus den Aufgaben 1 und 5 mit Wortkarten.
Setze dir ein Ziel: Bis wann willst du sie alle richtig schreiben können?

8 Welche Strategie hilft bei den rot hervorgehobenen Wörtern?
Schreibe Wortpaare oder Merkwörter auf und markiere die Merkstelle.
Kennzeichne mit ↪, ⚡ oder Ⓜ: Ⓜ die Dampfmaschine, …

James Watt, der Erfinder der Dampfmaschine, und Richard Trevithick bereiteten den Weg zur Entwicklung der ersten Lokomotiven. Trevithick entwickelte eine leistungsstärkere Hochdruckdampfmaschine und stellte 1804 seine erste Lokomotive vor. Sie fuhr in einem Bergwerk. Fehlendes Geld und bruchanfällige Schienen führten jedoch dazu, dass sein Projekt scheiterte. Es war schließlich George Stephenson, der die Schienen verbesserte und die Strecke zwischen den Städten Stockton und Darlington mit gewalzten Schienen ausrüstete. Darauf bewältigte seine „Locomotion" 40 Kilometer. Es war die Geburtsstunde der modernen Eisenbahn.

Wortarten

1 Wähle eine Person. Beschreibe die Person mit passenden Adjektiven. Dein Partnerkind rät, wer gemeint ist:
Der Junge hat eine …

Der Junge hat eine ___ Nase und ___ Haare.

Er hat ein ___ Hemd und ___ Hosen an.

An den Füßen trägt er ___ Schuhe.

Auf der Nase sitzt eine ___ Brille.

2 Prüfe die Wörter: Welche sind Nomen?
Schreibe die Nomen mit dem bestimmten Artikel in der Einzahl und Mehrzahl auf.
die Burg – die Burgen, …

BURG HÖRE GESICHT LACHT

PLAKAT LIES STRECKE BAUM

Artikel ergänzen möglich? Adjektiv ergänzen möglich? …

3 Was tun alle? Ergänze passende Verben in der richtigen Personalform:
Ayshe schält …

schälen besuchen wenden kämmen

Ayshe ___ einen Apfel.

Ich ___ am Wochenende meinen Papa.

Max ___ seinen Rollstuhl geschickt.

Du ___ deine langen Haare.

4 Aus welcher Wortart sind die Nomen gebildet?
Berichte deinem Partnerkind: Ich erkenne, dass …

Das Lustige an dem Film sind die gezeichneten Männchen.

Das Betreten der Baustelle ist nicht erlaubt.

Das Schöne an den Ferien ist das Ausschlafen.

Merle mag das Aufstehen am Morgen nicht.

S. 24 Arbeitsheft

5 Bei welchen Sätzen kannst du die Nomen in die Mehrzahl setzen? Finde diese Sätze und setze sie in die Mehrzahl. Du musst dabei auch die Verbform verändern: Die Busse …

Der Schmutz muss weggefegt werden.
Der Bus fährt langsamer. Da steht ein Schild.
Unter der Erde wird gearbeitet.
Der Weg ist abgesperrt.
Laut heult der Motor.

6 Schreibe die Verben aus dem Text auf.
Ergänze jeweils die Grundform: isst – essen, …

Linus isst gern Nudeln mit Tomatensoße.
Zuerst nimmt er die Nudeln und wirft sie in das kochende Wasser.
Danach liest er das Rezept für die Soße und gibt alle Zutaten in den Topf. Aber wieso schmeckt zum Schluss alles so fad?
Beim nächsten Mal weiß Linus Bescheid:
Salz im Nudelwasser vergisst er nicht noch einmal.

DU ICH **7** Welches Wort passt nicht in die Reihe?
Begründe deine Entscheidung deinem Partnerkind.

ZEICHNUNG   PFLANZE   TAFEL   PAUSE   LEISE

WARM   UNTERRICHT   HART   SCHMUTZIG

WEINEN   BRAUCHEN   TURNEN   SAUBER   WOLLEN

8 Achtung: Fehler!
Prüfe die Rechtschreibung und schreibe den Text richtig auf.
Von Tag zu Tag …

Von tag zu tag fühlen sich die Kinder der klasse 4a in ihrem neuen Klassenzimmer wohler. Sie verteilen ihr Arbeitsmaterial in leere Regale und Schränke.
Auch das plakat mit den Klassenregeln ist schon aufgehängt.
Der neue in der Klasse hat schon viele Freunde gefunden.

Vorsilben

1 Finde die Adjektive. Setze sie in die Grundform, markiere die Vorsilbe und ergänze das Gegenteil:
unruhig – ruhig, …

An einer unruhigen Straße befindet sich ein unbewachtes Haus. Die Hausbewohner halten eine Bewachung in dieser Gegend für unnötig. Sie fühlen sich nicht unsicher und ein Wachhund vor der Tür würde ihnen ein unbehagliches Gefühl bereiten. Doch eines Tages bricht ein unbekannter Mann in das Haus ein und schnappt sich unbesorgt den gesamten Schmuck.

DU ICH **2** Besprich dich mit deinem Partnerkind: Was bewirkt die Vorsilbe **un**?

3 Welche Vorsilbe muss vor dem Verb stehen?
Schreibe die Sätze richtig auf: Der Dieb ist …

ent • aus • be	Der Dieb ist der Polizei ___ kommen.
ab • über • weg	Fast hätte die Frau die Katze ___ fahren.
ver • be • ab	Auf dem Flohmarkt muss man den Preis ___ handeln.
ab • ver • er	Raj will in der Pause indische Bonbons ___ teilen.

4 Bilde mit den Vorsilben neue Nomen:
die Übersicht, …

Über- Unter-	Sicht Führung Fall Haltung Hemd
An- Ab-	Fang Bau Hang Teil Fall
Aus- Ein-	Beute Horn Bildung Bruch Fahrt

S. 26 Arbeitsheft

5 Bilde aus den Wörtern und Vorsilben neue Wörter.
Manchmal gibt es mehrere Möglichkeiten:
vorsorgen, die Vorsicht, …

vor-	sorgen	um-
be-	Glück	durch-
un-	fallen	ent-
ge-	kennen	er-
aus-	Sicht	ab-

6 Schreibe Sätze mit den neuen Wörtern deines Partnerkindes.

7 Verwandle die Verben in Nomen mit Wortbausteinen:
Schreibe die vollständigen Sätze: *… viel Gepäck.*

Wir packen die Sachen für die Reise
und haben dann viel ___.
Unsere blinde Mitschülerin hört immer genau zu,
sie verlässt sich auf ihr gutes ___.
Oma und Opa backen gern und
bringen uns jeden Freitag ___.
Rieke fühlte Schmetterlinge im Bauch
und mochte dieses ___.
Paul und Lisa fallen beim Inlinern regelmäßig,
aber es passiert nie ein ___.

8 Finde zu jedem Verb eine Vorsilbe.
Erkläre deinem Partnerkind, wie sich die Bedeutung
deiner Wörter durch die Vorsilben verändert hat:
Das Verb „sprechen" bedeutet …, das Verb „versprechen" bedeutet …

sprechen | packen | schreiben | hören | stellen | treten

Mehrfach zusammengesetzte Wörter

1 Schreibe die Wörter ab. Unterstreiche den Wortstamm blau.

erfreulich • Freude • freuen

bedanken • Dank • undankbar

unglaublich • Glaube • glauben

unruhig • Ruhe • ausruhen

2 Prüfe: Haben die Wörter von Aufgabe 1 eine Vorsilbe oder eine Nachsilbe? Unterstreiche in den Farben.

3 Zerlege die Wörter in Wortbausteine. Schreibe die Wortbausteine in die Tabelle.

Vorsilbe(n)	Wortstamm	Nachsilbe
un	freund	lich

unfreundlich vorbildlich Besucher erleben

ungenießbar unglaublich genießbar schmerzhaft

christlich Vorfreude unsicher aufmerksam

4 Bilde aus den Wortbausteinen sinnvolle Wörter.
Schreibe sie nach Wortart sortiert auf:

Nomen	Verben	Adjektive
...	...	beliebig

vor-	ver-	sprech	zahl	-en	-keit
ent-	unter-	trag	lieb	-ig	-lich
be-	aus-	setz	halt	-ung	-bar

5 Unterstreiche bei den Wörtern aus Aufgabe 4 die Wortbausteine farbig: Vorsilbe, Wortstamm, Nachsilbe.

DU ICH **6** Betrachte die vollständige Tabelle. Was fällt dir auf? Berichte deinem Partnerkind.

Ich stelle fest, dass ...

S. 28 Arbeitsheft

DU ICH **7** Manche Wörter haben mehrere Vorsilben. Lies die Wörter.
Wie verändert sich durch die Vorsilben die Bedeutung der Wörter?
Sprich mit deinem Partnerkind darüber.

auf-merk-sam • un-auf-merk-sam | ver-wechsel-bar • un-ver-wechsel-bar

G **8** Finde im Text alle Wörter, die zusätzlich zum Wortstamm mindestens zwei Wortbausteine haben. Schreibe sie in Wortbausteine zerlegt auf.
Vergleicht eure Ergebnisse in eurer Gruppe: un-er-hör-t, …

Mein kleiner Hund verhält sich wirklich unerhört.
Wenn ich mit ihm das Haus verlasse, bellt er unaufhörlich.
Viele Leute befragen mich, ob ich denn unfreundlich zu ihm bin.
Das ist mir dann immer peinlich und ich sage:
„Nein, er ist einfach noch etwas unerzogen."
Damit sind sie auch unzufrieden, aber wenigstens
halten sie mich nicht für einen Tierquäler.

DU ICH **9** Finde möglichst viele zusammengesetzte Wörter zu den Wortstämmen:
verkaufen, …
Stärke, …
gewachsen, …
Was fällt dir auf? Berichte deinem Partnerkind.

ver-	er-	kauf	-en	-er
be-	ge-	stark	-t	-tum
ein-	un-	wachs	-e	-lich

10 Ergänze in den Sätzen passende Wörter aus Aufgabe 9.

Gestern sollte ich für Papa im Obst- und Gemüseladen ___ .
Der ___ versprach: „Wir ___ nur heimische Ware. Obst und Gemüse mit langen Transportwegen sind bei uns ___ ."
Beim Fingerhakeln wollten wir unsere Kräfte messen. Ich habe dabei ___ bewiesen. Mein Bruder Ahmed ist aber noch viel ___ als ich.
Letztes Jahr sind im Februar die ersten Schneeglöckchen ___ . Diese ___ sehen sehr schön aus, wenn sie aus dem Schnee herausspitzen.

Gegenwart, Vergangenheit, Zukunft

1 Schreibe die Sätze mit passenden Verben in der Gegenwart oder in der 1. Vergangenheit:
Vor einigen Jahren besuchte …

besuche • besuchte • kaufen • kauften • gibt
gab • trage • trug • schreibt • schrieb

Vor einigen Jahren ▭ ich den Kindergarten.
Heute ▭ ich die Schule.
Heute ▭ die Leute Milch im Supermarkt.
Früher ▭ die Leute Milch beim Bauern.
Als Baby ▭ ich Strampelanzüge.
Heute ▭ ich Jeans und T-Shirt.
Im Mittelalter ▭ es Pferdefuhrwerke.
Heute ▭ es motorbetriebene Fahrzeuge.
Heute ▭ jeder Schüler in sein Heft.
Früher ▭ jeder Schüler auf einer kleinen Tafel.

2 In jedem Satz steht ein Verb in der Zukunft. Es besteht aus zwei Teilen. Schreibe diese Verben mit **ich, du** und **er**:
ich werde aufräumen, du wirst aufräumen, er wird …

Nächstes Jahr werde ich mein Zimmer jeden Tag aufräumen.
In zehn Jahren werde ich einen Führerschein haben.
Nächste Woche wird meine Klasse einen Ausflug machen.
In den Ferien werde ich meine Großeltern in der Türkei besuchen.
Am Ende der Grundschulzeit werden wir alle ein Fest feiern.

3 Schreibe die Sätze ab. Unterstreiche in jedem Satz das Verb und bestimme die Zeit: *Marie räumt ihr Zimmer auf. – Gegenwart …*

Marie räumt ihr Zimmer auf.
Altin wird später mit seiner Mutter Baklava backen.
Thomas hat gestern bei seinem Papa übernachtet.
Max spielt mit seinen Freunden Basketball.
Jasmin las ihrer Oma eine Geschichte vor.

S. 30 Arbeitsheft

4 Schreibe die Sätze mit passenden Verben in der 2. Vergangenheit:
Vor zwei Minuten hat …

Vor zwei Minuten ___ leider mein Wecker ___.
Gestern ___ wir einen Test ___.
Letzten Samstag ___ wir fünf Tore beim Fußballturnier ___.
Vorhin ___ meine Mutter einen Kuchen ___.

5 Bilde sinnvolle Sätze. Überlege vorher, ob das Verb in der Zukunft oder in der 1. Vergangenheit stehen muss: *Übermorgen …*

Übermorgen	Roboter räumen die Zimmer auf
An meinem ersten Schultag	ins Schwimmbad gehen
In 50 Jahren	Papa und Mama machen 100 Fotos
Im Kindergarten	neue Schule besuchen
Im nächsten Jahr	mit dem Dreirad Rennen fahren

DU ICH **6** Finde Verben, die zu den Sätzen passen. Achte beim Schreiben auf die richtige Zeitform. Vergleiche deine Lösungen mit deinem Partnerkind.

Mein kleiner Bruder ___ nächstes Jahr zur Schule ___.
Morgen ___ ich einen tollen Zaubertrick ___.
Nur wenige Leute ___ vor 50 Jahren ein Auto.
Heute ___ es schon den ganzen Tag.

G **7** Was ist in den Jahren 1912, 1969 und 1989 passiert?
Findet es mit Hilfe von Büchern oder dem Internet heraus.
Schreibt es dann auf. Benutzt Verben in der 1. Vergangenheit.
Oder: Gestaltet ein Klassenplakat. Findet Fotos von diesen oder anderen wichtigen Ereignissen. Klebt sie auf und beschriftet sie.

Berliner Mauer

Neil Armstrong

Titanic

Mit Adjektiven vergleichen

1 Vergleiche die Tiere.
Ergänze die Sätze passend: Die Giraffe ist …

am kleinsten • am größten
so groß wie
größer als • kleiner als

Die Giraffe ist ___.
Der Elefant ist ___ der Bär.
Der Bär ist ___ die Giraffe.
Die Robbe ist ___.
Der Tiger ist ___ der Bär.

2 Schreibe zu jedem Adjektiv in der 2. Vergleichsstufe die passende Grundform und die passende 1. Vergleichsstufe: alt, älter, am …

am ältesten • am niedlichsten • am klügsten
am ordentlichsten • am bekanntesten

3 Vergleiche die Nomen miteinander.
Benutze jedes Adjektiv in der Grundform und in beiden Vergleichsstufen:
Die Rassel ist laut. Die Geige ist lauter.
Das Schlagzeug ist am …

alt • schnell • gemütlich
breit • laut

Geige Rassel Schlagzeug
Großvater Kind Vater
Auto Flugzeug Fahrrad
Autobahn Radweg Straße
Stuhl Bett Sofa

4 Finde im Text die Adjektive. Schreibe jedes Adjektiv in allen Stufen auf:
groß, größer, am größten, breit, …

Die Klasse macht einen Ausflug in die große Landeshauptstadt.
Dort sind die Straßen breiter und voller als auf dem Dorf.
Die Kinder müssen brav nebeneinandergehen.
Zuerst steht die berühmte Kunsthalle auf dem Programm.
Danach geht es in das bekannte Landtagsgebäude.
Am spannendsten ist der Sitzungssaal. Müder als an einem anderen Schultag fahren alle wieder nach Hause.

5 Finde zu den Nomen passende Tätigkeiten und vergleiche:
Ein Motorrad fährt engere Kurven als …

Motorrad • Auto
Zitrone • Orange
Flugzeug • Vogel
Kran • Kind

saurer schmecken
höher fliegen
schwerere Lasten heben
engere Kurven fahren

DU ICH

6 Vergleiche die Autos miteinander. Benutze unterschiedliche Vergleichsstufen: Der Kombi ist billiger als …
Vergleiche deine Lösungen mit deinem Partnerkind.

Cabrio Sonni	Limousine Tito	Kombi Allegro	Jeep Landino
16 600 €	82 000 €	18 750 €	39 750 €
180 km/h	250 km/h	180 km/h	200 km/h
6,0 l	11,1 l	6,1 l	7,2 l
1 t	2 t	1 t	2 t

7 Schreibe mit jeder 1. Vergleichsstufe einen Satz.
gesünder • kürzer • dunkler • schwieriger • weicher • glücklicher

Die vier Fälle des Nomens

DU ICH

1 Stelle Fragen nach den fehlenden Nomen.
Dein Partnerkind antwortet. Wechselt euch ab.
Schreibe den Text mit den Nomen
in den passenden Fällen: Der …

Wer teilt …?

___ teilt die Hefte aus. Er hat keine Brille auf.
Sofie bekommt das falsche Heft. Sie gibt ___
das Heft zurück. Das wundert ___. Die Schüler
weisen auf die fehlende Brille ___ hin. Der Lehrer
muss laut lachen, weil er sich dadurch verlesen hat.

der Lehrer
des Lehrers
dem Lehrer
den Lehrer

2 Finde die Nomen im 4. Fall. Frage mit **Wen oder was …?**
Wen oder was untersucht Max? Den …

Max untersucht den Baumstamm mit der Lupe.
Kim fragt den Lehrer nach den Lösungszetteln.
Frida hält den Schwamm unter den Wasserhahn.
Elisa und Tom suchen ihre Stifte.
Lara stellt ihr Hörgerät lauter.

3 Stehen die Nomen im 3. Fall oder im 4. Fall?
Frage mit **Wem …?** oder **Wen oder was …?**
Setze **dem** oder **den** ein: Die Lehrerin erklärt dem …

Die Lehrerin erklärt ___ Schüler den Rennverlauf.
Er muss ___ Weg bis zur Abbiegung laufen.
Die Sonne scheint ___ Läufer direkt ins Gesicht.
Sieht er ___ Stock rechtzeitig?
In letzter Sekunde weicht er ___ Hindernis aus.
Die Klassenkameraden feuern ___ Mitschüler an.
Am Ende gibt der Direktor ___ Sieger eine Urkunde.

G

4 Ist euch die Aufgabe 3 leichtgefallen?
Wenn nicht, woran kann das gelegen haben?
Sprecht in eurer Gruppe darüber.
Gebt euch freundlich Rückmeldung.

S. 34 Arbeitsheft

5 In welchem Fall stehen die farbigen Nomen? Stelle Fragen.
Schreibe die Antworten und Fälle dahinter:
Wer oder was holt die Kinder ab? Der Bus (1. Fall)

Der Bus holt die Kinder ab.
Plötzlich knattert der Motor des Busses laut.
Die Kinder müssen den Bus verlassen.
Leider können sie nicht mehr mit dem Bus fahren.
Der Fahrer lässt den Bus in die Werkstatt bringen.

6 In den Sätzen fehlen Nomen im 2. oder 3. Fall.
Schreibe die Sätze ab, stelle Fragen und ergänze
die Nomen im richtigen Fall.

Erkan und Tim gehen ins Zimmer ___ (Hausmeister).
Sie sollen ___ (Lehrer) neue Kreide holen.
Mit einem lauten Knall fällt die Tür ___ (Zimmer) zu.
Sind die beiden in eine Falle ___ (Schulgespenst) geraten?
Der Lehrer hat doch erst gestern von ___ (Gespenst) erzählt!
Da geht die Tür auf. Die Jungen sehen erleichtert in
das freundliche Gesicht ___ (Hausmeister).
Also muss man ___ (Lehrer) doch nicht alles glauben!

7 Schreibe zu jedem Bild einen Satz.
Das Nomen **Vogel** soll in allen vier Fällen vorkommen.

8 Wähle selbst Nomen. Erfinde Sätze,
in denen das Nomen in allen vier Fällen vorkommt.

G **9** Lest die Sätze in eurer Gruppe vor. Besprecht, ob ihr die vier Fälle des Nomens richtig gewählt habt.

Prädikat und Subjekt

1 Schreibe Sätze. Was tun Lisa und Tim? Unterstreiche in jedem Satz das Subjekt blau und das Prädikat rot: Tim …

Tim Lisa	erzählt beobachtet findet	vom letzten Ausflug. einen rostigen Nagel. eine kleine Maus. den Streit zwischen zwei Ameisen. von dem neuen Fledermauskasten.

2 Schreibe den Text mit den passenden Prädikaten und unterstreiche die Prädikate rot:
Wir besuchen eine …

Wir ▭ eine Tropfsteinhöhle.
Überall ▭ Wasser von den Wänden.
Auf einmal ▭ etwas über unsere Köpfe.
Manche Kinder ▭ laut. Doch unser Lehrer ▭ uns.
Er ▭ seine Taschenlampe aus der Tasche und ▭ uns damit Fledermäuse, die an der Decke ▭.

beruhigt
läuft
besuchen
schreien
holt
zeigt
hängen
fliegt

3 Schreibe die Sätze ab. Unterstreiche in jedem Satz das Prädikat rot und das Subjekt blau:
Fledermäuse schlafen …

Fledermäuse schlafen tagsüber.
Dabei hängen sie kopfüber an der Decke.
Nachts beobachten einige Menschen ihre Flugkünste.
Unsere einheimischen Fledermäuse fressen Insekten.
Die Echoortung hilft den Fledermäusen beim Aufspüren ihrer Beute.

DU ICH **4** Sieh dir noch einmal die unterstrichenen Prädikate in den Sätzen an. Wo steht das Prädikat immer? Berichte deinem Partnerkind:
Ich stelle fest, dass …

S. 36 Arbeitsheft

5 Stelle jeden Satz dreimal um. Unterstreiche in jedem Satz das Subjekt blau und das Prädikat rot: *In ihrem …*

Ameisen haben in ihrem Ameisenhaufen eine Königin.

Zum Klettern benötigt ein Bergsteiger eine Ausrüstung.

Bei seinen Bienen braucht der Imker oft eine Imkerpfeife.

An der Nordsee zieht sich das Wasser immer wieder zurück.

6 Verwandle die Sätze in Fragesätze:
Ist die große Pause jeden Tag eine Viertelstunde lang? …

Die große Pause ist jeden Tag eine Viertelstunde lang.

Olivia und Nino essen dann Müsli mit Obst.

Paul rennt schneller als alle anderen Kinder.

Romina bewundert das neue Poster mit Tierbildern.

Die Mädchen aus der Klasse 4c spielen Fußball.

DU ICH **7** An welcher Stelle des Fragesatzes steht das Prädikat? Berichte deinem Partnerkind.

8 Schreibe die Sätze ab. Unterstreiche die zweiteiligen Prädikate:
Opa holt seinen Enkel Jakob ab. …

Opa holt seinen Enkel Jakob ab.

Luise zieht den neuen Pullover an.

Lara bringt ihrem Vater eine Gebärde bei.

Ayshe schaut sich mit ihrer Freundin einen spannenden Film an.

9 Schreibe Sätze mit zweiteiligen Prädikaten: *Leon führt auf …*

Leon	vorführen	auf der Schaukel	Kunststücke
Yusuf	aufräumen	das Gartenhaus	
Rosa	aufmachen	das Glas Kirschen	
Patrick und Emil	ausschneiden	das Mobile	aus Pappe

DU ICH **10** Schreibe eigene Sätze mit zweiteiligen Prädikaten. Dein Partnerkind stellt deine Sätze um.

Satzergänzungen

1 Schreibe den Text ab. Unterstreiche die Satzergänzungen grün.
Die Klasse 4a plant den Klassenausflug. …

Die Klasse 4a plant den Klassenausflug. Alle Schülerinnen und Schüler besprechen die Ideen. Sie entscheiden sich für den Kletterpark. Der Plan gefällt dem Lehrer. Die Sportlehrerin organisiert die Verpflegung. Die Kinder danken der Lehrerin.

DU ICH

2 Finde für die Sätze passende Satzergänzungen mit **den** oder **die**:
Oma trägt … Vergleiche deine Lösungen mit deinem Partnerkind.
Habt ihr die Satzergänzungen richtig geschrieben?

Oma trägt.

Max trifft.

Anne kauft.

Papa schiebt.

DU ICH

3 Schreibe Sätze mit Satzergänzungen mit **dem** oder **der**:
Das Tuch gefällt der Tante. …
Vergleiche deine Lösungen mit deinem Partnerkind.
Habt ihr die Satzergänzungen richtig geschrieben?

Das Tuch	gefallen	Tante
Paul	begegnen	Briefträger
Jasmin	folgen	Freundin
Der Helm	gehören	Bauarbeiter
Lisa	antworten	Trainerin

S. 38 Arbeitsheft

4 Finde für die Sätze passende Satzergänzungen.
Wenn du nicht sicher bist, frage **Wen oder was?** oder **Wem?**:
Wen oder was singt Kai lauthals? …

Kai singt lauthals ___. Er nervt damit ___.
Die Mutter verbietet ___ das Singen dieser Lieder.
Sie hat aber ___.
Marie soll sich ___ in die Ohren stecken.
Dann kann Kai weiter singen und stört ___.
Marie findet ___ richtig gut.

Ohrenstöpsel
gruselige Lieder
seine Schwester
ihrem Sohn
einen Vorschlag
niemanden
die Idee

5 Finde für die Sätze passende Satzergänzungen.

Jan versteckt
in Papas Bett.

Der Junge gibt
eine Wurst.

Oma bringt
die Badeente.

DU ICH

6 Welches Objekt fordern die Prädikate als Satzergänzung?
Besprich dich mit deinem Partnerkind.
Trage in die Tabelle ein:

Satzergänzung im 3. Fall	Satzergänzung im 4. Fall
…	…

finden kennen folgen gefallen
essen gehören ähneln helfen
antworten sehen drohen stören
danken begegnen schieben schützen

7 Ergänze die Tabelle in Aufgabe 6 mit weiteren Prädikaten.

Ortsangaben und Zeitangaben

1 Schreibe den Text ab.
Unterstreiche die Ortsangaben rosa und die Zeitangaben lila:
Dimitris Eltern kommen aus Russland. …

Dimitris Eltern kommen aus Russland.
Seit 15 Jahren leben sie in Deutschland.
In den Sommerferien fliegen sie nach Russland und besuchen dort ihre Verwandten. Der Flug dauert drei Stunden. Dimitris Onkel holt ihn und seine Eltern am Flughafen ab. Er ist vor einer Woche aus Sankt Petersburg nach Moskau gekommen. Gemeinsam fahren Dimitri, seine Eltern und der Onkel zu Dimitris Oma.
Am nächsten Tag gehen Dimitri und sein Vater in die Stadt und besichtigen die Basilius-Kathedrale. Hier ist Dimitri seit vier Jahren nicht mehr gewesen. Am Abend erzählen sie von ihrem Ausflug.

DU ICH **2** Mit den Fragen fragst du nach den Satzergänzungen.
Welche Fragen stellst du bei Ortsangaben? Welche bei Zeitangaben?
Sortiere mit deinem Partnerkind:
Nach den Ortsangaben frage ich mit: …
Nach den Zeitangaben frage ich mit: …

Seit wann? Wohin? Wo?
Wann? Woher? Wie lange?

3 Ordne die Satzergänzungen den passenden Fragen zu:
Wohin?: in den Zoo, …
Wo?: im Auto, …
Wann?: heute Mittag, …

in den Zoo • im Auto • heute Mittag • um 12 Uhr • beim Ohrenarzt
gestern • im Klassenraum • nach Russland • nach München
bei Oma und Opa • auf dem Jahrmarkt • in der Stadt • nächstes Jahr

4 Schreibe eigene Sätze mit den Satzergänzungen aus Aufgabe 3.

 S. 40 Arbeitsheft

5 Schreibe die Sätze mit passenden Zeitangaben: Heute fahren wir …

am Nachmittag heute seit zwölf Uhr
30 Minuten gegen Abend danach

▬ fahren wir auf einen Bauernhof.
▬ warten wir auf den Bus.
Die Fahrt dauert ▬.
▬ zeigt uns der Bauer seine Felder und Wiesen.
Er melkt ▬ die Kühe und wir dürfen dabei helfen.
▬ fahren wir wieder nach Hause.

6 Schreibe die Sätze ab. Lass zwischen den Zeilen etwas Platz.
Schreibe bei den hervorgehobenen Ortsangaben und Zeitangaben das richtige Fragewort darüber:

Wann?
Um zehn Uhr haben wir …

Um zehn Uhr haben wir Sportunterricht in der Turnhalle.
Nach dem Umziehen gehen wir zum Aufwärmen in die Halle.
Erkan holt das große, bunte Schwungtuch aus dem Materialschrank.
Wir wärmen uns damit zehn Minuten gemeinsam auf.
Lara räumt das Tuch in den Schrank zurück.
Danach bauen wir eine Bewegungslandschaft auf.
Aus dem Nebenraum holen wir Kästen, Bänke und Matten.
Lara springt über ein Pferd auf die Matte.
Paul und Anne kommen gerade vom Trampolin.
Lisa übt zehn Minuten am Barren. Jetzt ist die Zeit schon wieder um.
Wir bauen ab und gehen in die Umkleidekabinen.

7 Arbeitet mit der Arbeitstechnik von Seite 85.
Nenne deinem Partnerkind ein Fragewort zu einer Ortsangabe oder Zeitangabe.
Dein Partnerkind antwortet mit einer passenden Satzergänzung.

Bindewörter verwenden

1 Schreibe die Sätze ab. Unterstreiche die Bindewörter.
Frederic und Emre spielen immer draußen, wenn …

Frederic und Emre spielen immer draußen,
wenn das Wetter schön ist.
Oft fechten sie mit Schaumstoff-Schlägern,
weil ihnen das Spaß macht.
Gestern verletzte sich Emre,
obwohl sich sein Freund
an die Regeln gehalten hat.
Aber es war nicht so schlimm,
dass Frederic Hilfe holen musste.
Die Buben kämpften weiter,
da Emres Bein nicht mehr schmerzte.

2 Welche Satzteile passen zusammen? Schreibe die Sätze:
Jasmin geht gern ins Hallenbad, wenn …

Jasmin geht gern ins Hallenbad,	dass es auch eine große Rutsche gibt.
Sie springt oft ins Wasser,	obwohl sie das nicht so gut kann.
Manchmal taucht Jasmin,	weil es ihr Spaß macht.
Alle freuen sich,	wenn draußen schlechtes Wetter ist.

3 Verbinde die Sätze mit dem Bindewort **dass**.
Denke an das Komma und an die veränderte Satzstellung:
Ich ärgere mich, dass wir heute …

Ich ärgere mich. Wir haben heute viele Hausaufgaben auf.
Quirin freut sich. Er fährt am Wochenende zu seinem Papa.
Franziska denkt. Sie bekommt eine gute Note.
Otto hofft. Er gewinnt das Spiel.
Paul betet. Alle Menschen leben in Frieden.
Lisa spielt. Sie kann zaubern.

S. 42 Arbeitsheft

4 Schreibe die Sätze mit dem passenden Bindewort ab:
Johanna geht in den Pferdestall, weil sie Pferde sehr gern mag. …

Johanna geht in den Pferdestall, ___ sie Pferde sehr gern mag.	weil/wenn
Ihr kleiner Bruder kommt mit, ___ er sich ein bisschen fürchtet.	obwohl/da
Die Tiere freuen sich, ___ Johanna sie streichelt.	denn/dass
Ein Hengst wiehert zufrieden, ___ sie ihm eine Möhre gibt.	obwohl/als
Heute kann sie nicht ausreiten, ___ es in Strömen regnet.	da/als
Der Tag gefällt ihr trotzdem, ___ sie darf beim Füttern helfen.	weil/denn

DU ICH

5 Schaue dir die Beispielpaare an. Achte besonders auf die Prädikate in den zweiten Sätzen.
Was fällt dir auf? Berichte deinem Partnerkind.

Sebastian ruft seine Mutter. Er sucht mal wieder seine Mütze.

Sebastian ruft seine Mutter, weil er mal wieder seine Mütze sucht.

Marie muss sich beeilen. Der Schulbus kommt in zwei Minuten.

Marie muss sich beeilen, denn der Schulbus kommt in zwei Minuten.

DU ICH

6 Schreibe die Sätze jeweils mit den Bindewörtern **weil** und **obwohl**.
Vergleiche die Bedeutung der Sätze. Was stellst du fest?
Besprich dich mit deinem Partnerkind.

Max hat schlechte Laune,

___ er heute Basketball spielt.

Opa holt Max mit dem Auto vom Training ab,

___ es schneit.

Wörtliche Rede und Redebegleitsätze

1 Wähle zu jedem Bild die passende wörtliche Rede.
Schreibe sie mit dem Redebegleitsatz und den Anführungszeichen auf:
Siri stöhnt: „…"

Siri stöhnt:
„Ich gehe heute in die Badeanstalt."
„Wir müssen noch so viel schreiben!"

Anne kündigt an:
„Ich werde den Bürgermeister befragen."
„Kann mir jemand Geld leihen?"

Rieke schimpft:
„Jemand hat meine Kamera kaputt gemacht."
„Wir könnten dazu Fotos machen."

2 Welche Redebegleitsätze passen vor und hinter die wörtliche Rede?
Schreibe die Sätze mit allen Anführungszeichen und Redebegleitsätzen auf: „Hallo Herr Bürgermeister", sagt …

„Hallo Herr Bürgermeister", ______ und reicht ihm höflich die Hand. ______: „Hallo Anne! Schön, dich kennen zu lernen." ______: „Es geht um den Spielplatz. Er sollte umgebaut werden, damit auch Rollstuhlfahrer ihn benutzen können. Gibt es dafür schon Pläne?" „Das ist eine gute Frage", ______. „Es wird ein gepflasterter Weg gebaut, dann kann jeder den Platz gut erreichen", ______. „Das ist eine prima Idee", ______. ______: „Es wäre auch gut, wenn es Spielgeräte für mich und andere Rollstuhlfahrer gäbe!" ______: „Ja, es sind schon neue Geräte bestellt, damit alle Kinder auf dem Spielplatz spielen können."

Der Bürgermeister erwidert • Max wirft ein • fügt er hinzu
antwortet der Bürgermeister • gibt Anne zu • sagt Anne
der Bürgermeister stimmt zu • Anne beginnt

S. 44 Arbeitsheft

3 Ordne die Verben zu: fröhlich sprechen: loben, …

fröhlich sprechen	rufen • jubeln • jammern
unzufrieden sprechen	flüstern • brüllen • wispern
laut sprechen	stöhnen • kreischen • tuscheln
leise sprechen	schimpfen • lachen • loben

4 Schreibe die wörtlichen Reden mit Anführungszeichen und passenden Begleitsätzen. Aufgabe 3 hilft dir.

Der Müll gehört in den Eimer! — Hausmeister

Hast du schon wieder nicht zugehört? — Lehrer

Hilfe, da ist eine dicke Spinne! — Paul

Das sind zu viele Hausaufgaben! — Felix

Psst, das ist unser Geheimnis! — Marie

Hurra, wir haben endlich Ferien! — Lara

5 Denke dir zu jedem Begleitsatz eine passende wörtliche Rede aus. Achte darauf, wo der Begleitsatz im Satz steht.

Der Karussellbetreiber warnt: „___“

„___“, beruhigt Jan seinen Kumpel.

„___“, jammert die alte Dame.

„___“, lobt die Lehrerin.

Der Patient stöhnt: „___“

„___“, verlangt der Schaffner.

6 Schreibe zu jedem Bild die wörtlichen Reden und passende Redebegleitsätze.

DU ICH **7** Überprüfe mit deinem Partnerkind: Habt ihr passende Redebegleitsätze geschrieben?

Werbewörter und Werbesprüche

1 Welches Produkt passt zu welchem Werbespruch? Ordne zu:
1. Rund und …

Rund und gesund, rein in den Mund

Einfach los, wohin du willst

Die coole Erfrischung

Süß und lecker

Schnappschüsse schnell gemacht

Ohne Kratzen durch den Winter

DU ICH

2 Welche Begriffe eignen sich gut für die Werbung, welche eher nicht? Begründe deine Meinung deinem Partnerkind und sortiere die Wörter in eine Tabelle:

gut geeignet	nicht geeignet
…	…

Dauerkrise supertoll Megastärke butterweich
wunderschön megafettig unbrauchbar
angstvoll superschwer brandaktuell furchtbar

3 Werbetexte haben oft auch Reime. Ergänze das Reimwort und schreibe die Werbesprüche:
Internet nutzen irgendwo, ohne jedes Risiko. …

Ziel • entzücken • kaufen • wahr • Risiko • Obstsalat • stark

Internet nutzen irgendwo, ohne jedes ___.
Frisch und äußerst delikat, so schmeckt Omas ___.
0 % Fett im Quark macht dich trotzdem groß und ___.
Neue Frische für das Haar, unser Shampoo macht das ___.
Die Bahn kostet nicht viel und bringt die Gäste sicher ans ___.
Das Gymnastikband für den Rücken wird auch Onkel Ernst ___.
Mit Schuhen wie auf Federn laufen, deshalb gleich noch heute ___.

S. 46 Arbeitsheft

4 Bilde lange Werbewörter: Superdupererfrischungsgetränk, …
Snack Gesundheit mega Sport Getränk schnell Pausen
stark super Erfrischung Vitamin duper Power …

DU ICH

5 Entscheide: Informationstext oder Werbetext?
Begründe deine Entscheidung deinem Partnerkind.

Ein Flugzeug bringt Passagiere für 100 € in einer Stunde von Hamburg nach Stuttgart.	Nutzen Sie unsere Bürste morgens und abends – ihr Zahnarzt wird strahlen.
Wasser diese Woche zum Schnäppchenpreis!	Tägliches Fahrradfahren ist für den Körper gesund.
Dreimal am Tag sollte man sich die Zähne putzen.	Schnell und günstig fliegen, besser kann man es nicht kriegen!

G

6 Bastelt in eurer Gruppe ein Klappbüchlein für witzige Werbe-Adjektive.

Mit einem Klappbüchlein kannst du witzige Werbewörter erfinden.

extrem, super, ultra, mega, …	turbo, multi, giga, schoko, …	cool, zart, weich, frisch, …

7 In der Werbung werden oft englische Wörter benutzt.
Finde zu den englischen Begriffen die deutsche Übersetzung.
Überprüfe mit Hilfe eines Wörterbuchs oder des Internets.
spot – Werbesendung, …

spot • slogan • future sale • power • energy life • flyer	Werbesendung • Prospekt Kraft • Zukunft • Ausverkauf Leben • Energie • Werbespruch

Redewendungen

DU ICH

1 Finde zu jeder Redewendung die passende übertragene Bedeutung:
auf glühenden Kohlen sitzen: …
Vergleiche deine Lösung mit deinem Partnerkind.

auf glühenden Kohlen sitzen	etwas nicht gleich verstehen
eine lange Leitung haben	heiser sein, sich räuspern müssen
jemandem den Kopf waschen	ungeduldig warten
einen Frosch im Hals haben	jemandem deutlich die Meinung sagen

2 Ordne jeder Redewendung eine Erklärung zu.

etwas auf die lange Bank schieben	Zur Zeit der Antike schrieb der Dichter Phaedrus eine Fabel, in der sich ein sehr eitler Frosch mit einem Ochsen messen will. Dazu bläst sich der Frosch auf, bis er **platzt**.
vor Neid platzen	Früher wurde in Regensburg im Immerwährenden Reichstag über Gesetze entschieden. Gesandte, die mit Gesetzesvorschlägen kamen, mussten oft lange auf Entscheidungen warten. Sie setzten sich deshalb auf Sitztruhen. Dort, in der so genannten **langen Bank**, wurden auch ihre Unterlagen verstaut.
noch grün hinter den Ohren sein	In Anlehnung an die Farbe vieler unreifer Früchte setzt man **Grün** mit Unerfahrenheit und Unreife gleich.

G

3 Wann verwendet man die Redewendungen von Aufgabe 1 und 2 heute?
Überlegt euch in der Gruppe passende Situationen.
Oder: Stelle eine Redewendung ohne Worte dar. Die anderen Kinder der Gruppe raten, was du darstellst.

S. 48 Arbeitsheft

DU ICH

4 Vincent hat diese Bilder zu Redewendungen gemalt.
Überlege mit deinem Partnerkind: Wie heißt die dargestellte Redewendung? Was ist ihre Bedeutung?

5 Erkläre die Redewendungen. Das Internet hilft dir:
Die Flinte ins Korn werfen bedeutet, …

Die Flinte ins Korn werfen	das fünfte Rad am Wagen sein	ein Herz aus Stein haben

6 Diese Redewendungen sind im Dialekt geschrieben.
Lies sie laut. Finde ihre Bedeutung heraus und erkläre sie.
Das Internet hilft dir.

Des is a gmahde Wiesn.

Dou di ned so aafmandln!

Des is ghupft wia gsprunga.

Du kimmst ned ungrupft davo!

G

7 Vergleicht in eurer Gruppe die englischen Redewendungen mit den entsprechenden deutschen. Erklärt ihre Bedeutung und findet die Unterschiede. Ein Wörterbuch hilft euch.

to be as cool as a cucumber	die Ruhe selbst sein
It's raining cats and dogs.	Es regnet Bindfäden.
as fit as a fiddle	so fit wie ein Turnschuh
to be on cloud nine	auf Wolke sieben schweben

Eine Bastelanleitung schreiben

1 Sieh dir die Bilder zu einer Bastelanleitung für einen Filzstern an.
Lies die Arbeitsschritte. Zwei Arbeitsschritte passen nicht.

- Für das Trockenfilzen eines Filzsterns benötigst du verschiedenfarbige Filzwolle, eine Filznadel, einen Küchenschwamm und eine Ausstechform.
- Lege die Ausstechform auf die weiche Seite des Schwamms. Reiße nun ein Stück von der Filzwolle ab und fülle damit die Ausstechform etwa bis zur Hälfte.
- Jetzt nimmst du eine Filznadel und stichst damit immer wieder durch die Wolle. Die Wollfasern bleiben an den kleinen Zacken an der Nadelspitze hängen und werden so verfilzt. Denke auch daran, den Rand deines Sterns mitzufilzen.
- Male die Wolle mit Filzstiften an.
- Wende die Filzwolle in regelmäßigen Abständen, damit sich die Fasern nicht im Schwamm verfangen.
- Nach und nach kannst du immer mehr Wolle in den Stern legen, bis er dir dick genug ist.
- Schneide mit einer Schere die Zacken deines Sterns ab.
- Fädle durch deinen fertigen Stern noch einen Faden, an dem du ihn später aufhängen kannst.

DU ICH **2** Welche Arbeitsschritte gehören nicht zu der Bastelanleitung für einen Filzstern? Besprich dich mit deinem Partnerkind. Schreibe nur die richtigen Arbeitsschritte auf.

S. 50 Arbeitsheft

3 Sieh dir die Bilder mit der Bastelanleitung für ein Fadenherz an. Die Arbeitsschritte sind durcheinandergeraten. Schreibe die Schritte in der richtigen Reihenfolge auf: *Lege folgendes Material bereit: …*

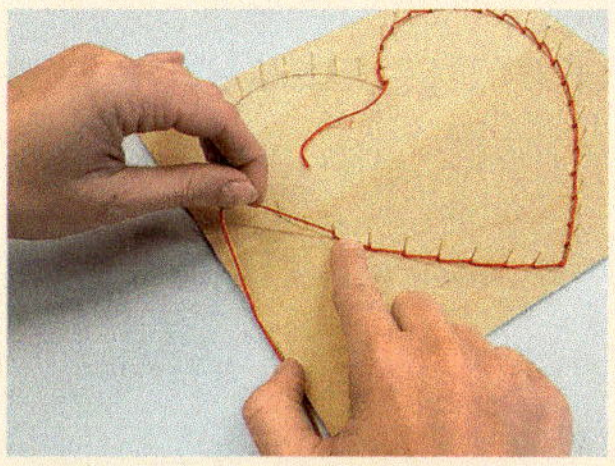

Knote den Faden an einem Nagel fest. Verbinde zuerst reihum jeden Nagel mit dem Faden.

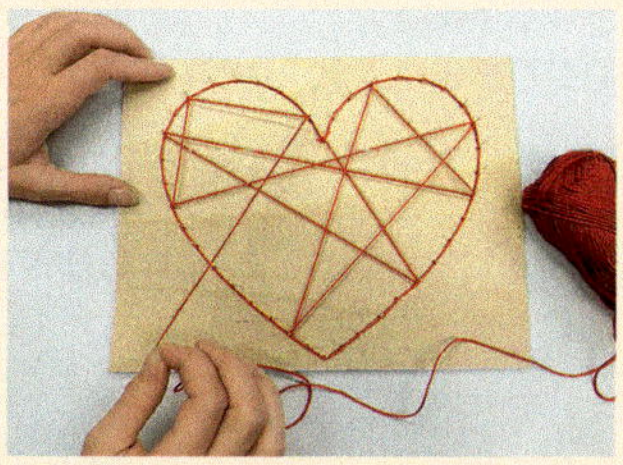

Danach verbindest du kreuz und quer gegenüberliegende Nägel mit dem Faden.

Zeichne die Herzvorlage auf das Holz ab. Lege die Vorlage dann beiseite.

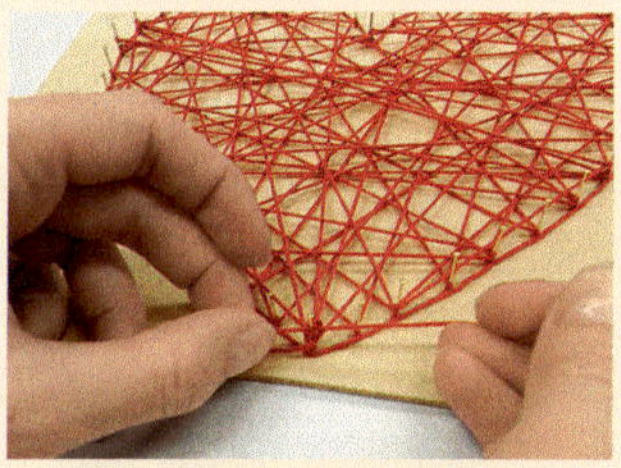

Verknote den Faden, wenn du genügend Nägel verbunden hast. Fertig ist dein Fadenherz!

Du brauchst Nägel und Hammer, einen Faden, einen Bleistift, eine Herzvorlage und eine Holzplatte.

Schlage nun entlang der vorgezeichneten Linie Nägel in die Platte. Schlage die Nägel nicht vollständig ein.

DU ICH

4 Tausche mit deinem Partnerkind eure Bastelanleitungen. Versteht ihr, was zu tun ist? Stimmt die Reihenfolge?

WIR

5 Habt ihr noch andere Bastelideen? Schreibt vollständige Anleitungen dazu auf. Heftet eure Bastelanleitungen in euren Portfolios ab.

Ein Bauwerk beschreiben

1 Lies die Beschreibung. Welches Bauwerk wird darin beschrieben?

Das weltbekannte Gebäude ist das Wahrzeichen von Berlin.
Es ist 26 Meter hoch und 65,5 Meter breit. Sechs 15 Meter hohe Säulen lassen fünf Durchgänge frei. Der mittlere Durchgang ist am breitesten. Auf dem Dach ist eine berühmte Figurengruppe, die „Quadriga", aufgestellt. Die Siegesgöttin Viktoria wird in einer Kutsche von vier Pferden gezogen. Rechts und links des Tores gibt es Seitenflügel.

Schiefer Turm (Pisa)

Triumphbogen (Paris)

Brandenburger Tor (Berlin)

DU ICH

2 Was macht eine gute Beschreibung aus?
Besprich dich mit deinem Partnerkind. Schreibe die richtigen Punkte auf:
Bei Beschreibungen helfen mir: ...

- treffende Adjektive
- lange Sätze
- passende Fachbegriffe
- spannende Ausdrücke
- spannend beschriebene Höhepunkte
- genaue Beschreibungen des Aussehens
- Verben in der Gegenwart
- unterschiedliche Satzanfänge

S. 52 Arbeitsheft

3 Finde für jeden richtigen Punkt aus Aufgabe 2 Beispiele aus Aufgabe 1: treffende Adjektive: weltbekannt, …

4 Beschreibe mit Hilfe der Stichworte den Schiefen Turm von Pisa: Der …

steht in Pisa (kleiner Ort in Italien) • ein runder Turm • 55 Meter hoch
8 Stockwerke • aus weißem Carrara-Marmor • fast 900 Jahre alt
oberstes Stockwerk: Glockenstube mit sieben Glocken
unterstes Stockwerk von 15 großen Säulen umrahmt
andere Stockwerke von 30 Säulen umrahmt
in jedem Stockwerk Tür zur Säulengalerie

5 Betrachte das Bild der Tower Bridge von London genau. Beschreibe die Brücke. Benutze auch die zusätzlichen Informationen: Die Tower Bridge ist eine Brücke, die über …

Fluss: Themse • Straßenbrücke • 65 Meter hoch • 244 Meter lang
lässt sich für große Schiffe öffnen • Fußgängerbrücke 43 Meter hoch

G **6** Lest eure Beschreibungen in der Gruppe vor. Überarbeitet eure Beschreibungen in der Schreibkonferenz.

7 Beschreibe den Triumpfbogen von Paris. Informiere dich in einem Buch oder im Internet.

Einen Vorgang beschreiben

1 An Bächen und Flüssen wurden früher Getreidemühlen betrieben.
Sieh dir die Zeichnung an. Beschreibe, wie die Wassermühle funktioniert.
Setze dabei die passenden Lückenwörter aus der Zeichnung ein:
Das Wasser des Bachs treibt das …

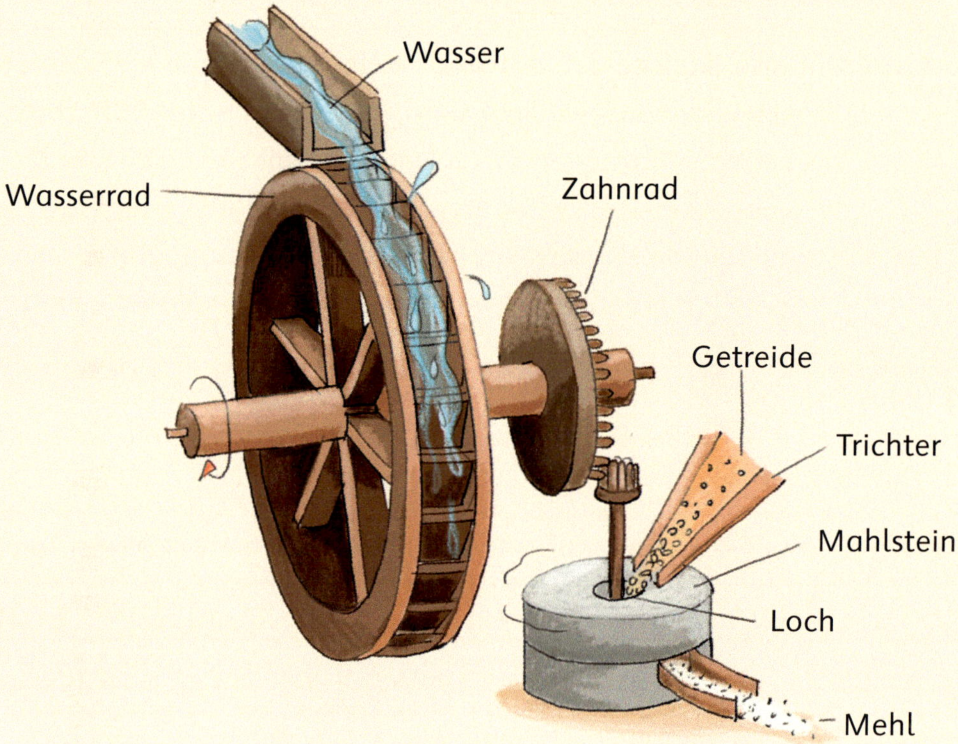

Das ___ des Bachs treibt das ___ an.
Eine Antriebswelle überträgt die Drehung auf ein ___.
Dieses lenkt die Kraft des Wassers um,
weil liegende Mahlsteine das ___ besser mahlen können.
Aus einem ___ rieselt das Getreide durch ein ___
im oberen Mahlstein. Der untere ___ bewegt sich nicht.
Zwischen beiden werden die Körner zerrieben.
Auf diese Weise wird aus dem Korn ___.

G **2** Wie werden Getreidemühlen heute betrieben?
Informiert euch in eurer Gruppe darüber.
Das Internet oder Lexikon helfen euch.

S. 54 Arbeitsheft

3 Beschreibe, wie die Eismaschine funktioniert.
Die Stichworte helfen dir: *Die Flüssigkeit aus …*

Flüssigkeit aus Sahne, Milch, Früchten und Zucker

Rührschüssel, die automatisch gekühlt wird

Kratzarm dreht sich, vermischt Zutaten

Kratzarm schabt Flüssigkeit ab, damit sie nicht am Rand festfriert

Flüssigkeit gefriert langsam, wird zu cremigem Eis

DU ICH

4 Vergleiche deine Beschreibung mit der deines Partnerkindes.
Was ist euch gut gelungen? Was könnt ihr noch verbessern?
Macht Vorschläge zur Überarbeitung.

5 Suche dir ein Gerät aus. Beschreibe genau, wie es funktioniert.
Suche dazu in Büchern oder im Internet nach Informationen.
Verwende Fachbegriffe.
Oder: Wähle oder erfinde eine eigene Maschine.

Balkenwaage

Waschmaschine

Tretboot

Salatschleuder

G

6 Lest eure Beschreibungen in eurer Gruppe vor.
Nennt nicht den Namen des Geräts oder der Maschine.
Können die anderen erraten, was gemeint ist?

Von Ereignissen berichten

1 Finde die Sätze, die zu den Stichworten passen.
Setze sie zu einem Bericht über das Ereignis zusammen: Im …

Wo? in München
Wann? im Dezember 2013
Wer? Eisbärin Giovanna
Was? Eisbärenzwillinge werden geboren

Im Münchner Tierpark gab es aufregende Tage für die Eisbärenpfleger.

Der fünf Jahre alte Elefantenbulle Gandhi traf aus Kopenhagen ein.

So konnte man im Dezember 2013 im Internet von einem erfreulichen Ereignis lesen.

Die siebenjährige Eisbärin Giovanna wurde zum ersten Mal Mutter.

Die Eisbärenzwillinge Nela und Nobby waren wohlauf und der Zoo-Chef war mächtig stolz.

Das Löwenbaby hieß Kimba.

DU ICH

2 Wie geht der Bericht über das Ereignis weiter?
Schreibe die Sätze in einer sinnvollen Reihenfolge.
Begründe deinem Partnerkind deine Reihenfolge.

Vor dem Wasser fürchteten sich die Kleinen zunächst, aber diese Scheu hatten sie bald abgelegt.

Nach draußen an die frische Luft durfte der Nachwuchs aber erst ab Mitte März.

Sie blinzelten in die Sonne und tapsten vorsichtig herum.

Seit Februar 2014 ist bekannt, dass die Eisbärenbabys Mädchen und Junge sind.

S. 56 Arbeitsheft

3 Lies den Bericht. Beantworte die W-Fragen in Stichworten.
Überlege dir auch eine Antwort auf die Frage, die nicht durch den Text beantwortet wird:
Wo?/Wohin? … Wann? … Wer? … Was? … Was ist die Folge? …

Wir, die Klasse 4c, machten einen Ausflug in den Tierpark. Als Erstes gingen wir zum Eisbärengehege. Wir wollten sehen, wie sich die Eisbärenzwillinge entwickelt hatten. Von der Aussichtsplattform konnten wir Nela und Nobby genau beobachten. Sie tobten herum und rangelten miteinander. Mama Giovanna ließ sich davon nicht aus der Ruhe bringen und sonnte sich stattdessen auf einem Felsen am Wasser. Plötzlich hatte die Eisbärenmama Giovanna genug. Sie sprang von ihrem Felsen und trennte Nela und Nobby.

DU ICH **4** Schreibe den Bericht ab. Füge dabei an der passenden Stelle deine ausgedachte Antwort ein. Stelle deinen Bericht deinem Partnerkind vor und besprecht, was dir gut gelungen ist.

WIR **5** Findet in eurer Klasse die richtigen Kennzeichen für einen Bericht. Erstellt ein Plakat dazu.

- Berichte geben Antworten auf W-Fragen:
  Wo? Wann? Wer? Was? Was ist die Folge?
- Berichte sind immer spannend geschrieben.
- Berichte sind immer sachlich geschrieben.
- Berichte informieren über etwas, das passiert ist oder das jemand erlebt hat.
- Berichte stehen oft in Zeitungen und Zeitschriften.
- Berichte sind immer erfunden.

6 Erinnere dich an ein Ereignis, das du erlebt hast. Schreibe darüber einen Bericht. Beantworte dabei die W-Fragen in einer sinnvollen Reihenfolge.

Über ein Erlebnis schreiben

1 Lies den Text. Wörtliche Rede macht den Text lebendiger. Überlege, an welchen Stellen du die wörtliche Rede einsetzen kannst.

Ein Erlebnis aus den Ferien

In den Osterferien war meine Tante
mit ihrer Familie zu Besuch.
Meine Cousine und ich verstehen uns sehr gut.

Wir hatten keine Lust, mit spazieren zu gehen.
Wie langweilig! Doch unsere Eltern ließen nicht locker.
Da gingen wir eben mit. Die Erwachsenen unterhielten
sich wie immer. Wir liefen ein ganzes Stück
vor ihnen kreuz und quer durch den Wald.
Plötzlich raschelte es dicht neben uns laut im Gebüsch.
Was war das? Wir blieben erschrocken stehen.

Auf einmal sprang direkt vor uns ein Dachs aus den Büschen.
Er schnupperte, drehte sich um und rannte eilig davon.
Das sah lustig aus. Wir mussten lachen und merkten erst da,
welch großen Schreck wir bekommen hatten.

2 Schreibe das Erlebnis auf. Baue die wörtliche Rede ein: Ein Erlebnis …

3 Ergänze eigene passende Sätze in wörtlicher Rede.

S. 58 Arbeitsheft

4 Lies den Text. Schreibe ihn ab und ergänze fehlende Teile.
Schreibe lebendig:
- mit wörtlicher Rede,
- abwechslungsreichen Satzanfängen,
- treffenden Verben und passenden Adjektiven.

Ein Streich zum Schulanfang

Am ersten Schultag nach den Ferien setzte sich Philipp wie immer neben seine Freundin Lisa. Sie verstehen sich gut und haben viel Spaß zusammen. Als Lisa einmal nicht hinschaute, ließ Philipp vorsichtig etwas in ihre Schultasche gleiten. Es war schwarz und hatte viele Beine. Wenig später griff Lisa in ihre Tasche, um ein Heft herauszuholen. Da …

…

„Lisa, was ist passiert?", wollte Frau Schmitz wissen. …

…

Lisa erkannte erleichtert, dass es nur eine Gummispinne war. Da wusste sie sofort, wer …

…

„Es tut mir leid", sagte Philipp kleinlaut. „Sollen wir nach der Schule ein Eis essen? Ich lade dich ein."

5 Schreibe ein eigenes Ferienerlebnis auf.
Schreibe lebendig:

- Verwende treffende Verben und Adjektive.
- Gestalte die Satzanfänge abwechslungsreich.
- Kannst du wörtliche Rede verwenden?
- Schildere den Höhepunkt spannend und ausführlich.

G **6** Lest eure Geschichte in eurer Gruppe vor.
Frage die Gruppe: Was gefällt euch an meiner Geschichte?
Was könnte ich verbessern?

Einen argumentierenden Text schreiben

1 Lies den Text. Von welchem Ausflugsort versucht das Kind seine Mitschüler zu überzeugen?

Zu diesem Ausflugsziel kann unsere ganze Klasse problemlos mitkommen, denn dort gibt es auch Rampen für Rollstühle und elektrische Tore. Bei unserem Ausflug werden wir endlich einmal den ganzen Vormittag an der frischen Luft verbringen. Außerdem gibt es dort einen großen Spielplatz, auf dem wir klettern, rutschen und Ball spielen können. Bestimmt würden wir dort auch viele schöne Fotos von uns allen zusammen machen. Aber das ist noch nicht alles! Ungestört können wir dort sowohl heimische als auch exotische Tiere beobachten. An diesem Ausflugsziel gibt es sogar Elefanten, Pinguine und Zebras zu bestaunen! Manche Tiere darf man auch füttern oder streicheln! Und von den zahlreichen Hinweistafeln können wir viel über die Lebensgewohnheiten und Herkunftsländer der Tiere lernen. Deshalb bin ich der Meinung, dass wir unseren Tagesausflug dorthin machen sollten!

2 Schreibe die Argumente ab und ergänze die passenden Beispiele:
Dort kann man Tiere …

Dort kann man Tiere in ihrem natürlichen Lebensraum erleben.

Dort können wir auch etwas zur Verpflegung kaufen.

Wenn wir zum Beispiel länger im Affenhaus bleiben wollen, müssen wir uns nicht beeilen.

Bei diesem Ausflug können wir uns die Zeit selbst einteilen.

Zum Beispiel leben Erdmännchen gern in trockenen, offenen Landschaften mit nur kurzem Gras und kleinen Büschen.

Im Café gibt es zum Beispiel leckeres Eis oder Gebäck.

S. 60 Arbeitsheft

3 Schreibe einen Text, um deine Mitschüler vom einem Ausflug in den Kletterpark zu überzeugen. Die Argumente und Beispiele helfen dir.

tolle Parcours mit verschiedenen Höhen | Selbstvertrauen fördern | den ganzen Tag an der frischen Luft | Kletterspaß | Vogelperspektive | wackelige Brücken, Seile und Netze | Abenteuer wie Tarzan | Fitness und Gleichgewicht | klettern, balancieren oder rutschen | verschiedene Schwierigkeitsstufen | …

ICH

4 Du möchtest deine Mitschüler davon überzeugen, als Klassenfahrt eine Woche auf einen Erlebnis-Bauernhof zu fahren. Plane deinen Text. Welche der folgenden Argumente können überzeugen? Trage sie in eine Stichwortsammlung oder eine Mind-Map ein.

Tierexperten werden | Brot backen | langweilige Wanderungen | Gemüse ernten und zusammen kochen | gesunde Verpflegung | lange Anfahrt | Butter stampfen | Melken lernen | Kräuter trocknen

DU ICH

5 Finde mit deinem Partnerkind weitere Argumente und ergänzt eure Mind-Maps.

6 Schreibe deinen Text. Die folgenden Wortgruppen helfen dir. Formuliere deine Argumente aus.

Ich finde, dass …
Meiner Meinung nach …
Ich meine, dass …
Dafür spricht, dass …

lernen, welches Futter manche Tiere | Kühe zum Beispiel sehr gern Klee und Kräuter | viele Tiere nah erleben, die wir schon im Unterricht | erleben, wie Naturprodukte hergestellt werden | Schafschur und Wolle spinnen | anfassen

G

7 Nicht jeder in der Klasse möchte auf den Erlebnis-Bauernhof fahren. Findet einige Argumente, die gegen einen Aufenthalt dort sprechen.

Adressatenbezogen schreiben

1 Wem würdest du vom Schulfest schreiben?
Schreibe die möglichen Adressaten auf:
Vom Schulfest kann man schreiben: einem …

einem Onkel • einer Tante • der englischen Königin
einem Freund • Zeitungslesern • einer Freundin • Oma
Opa • einem berühmten Schauspieler • dem Nikolaus

DU ICH

2 Lies deinen Partnerkind die drei Texte vor.
Dein Partnerkind hört genau zu:
Wer ist der richtige Adressat?

Leser der Klassenzeitung · Freundin · Patentante

Liebe ,
das Schulfest war echt super! Die Spiele machten viel Spaß und unsere Klasse verkaufte am meisten Sachen. Bei der Tombola gab es leider nur Nieten. Das Essen schmeckte wirklich sehr lecker. Es gab Spezialitäten aus ganz vielen Ländern.

Liebe ,
am 26. Mai fand unser diesjähriges Schulfest statt. Unser gemeinsames Motto war: Alle Länder dieser Welt. Jede Klasse hatte einen Stand mit selbst gebastelten Sachen. Die Einnahmen spendeten wir für einen guten Zweck. Für alle Kinder gab es verschiedene Angebote mit Spielen aus anderen Ländern. Und viele Eltern hatten Speisen aus fremden Ländern für ein Buffet mitgebracht.

Liebe ,
gestern waren wir den ganzen Tag lang auf unserem Schulfest.
Das machte richtig viel Spaß. Unsere Klasse verkaufte selbst bedruckte Taschen. Und weil du meine Patentante bist, kauften wir für dich eine Umhängetasche, die ich bedruckt hatte.
Ich hoffe, sie gefällt dir.

S. 62 Arbeitsheft

DU ICH

3 Was musst du für unterschiedliche Empfänger beachten? Besprich dich mit deinem Partnerkind. Ordne zu. Manches passt für mehrere Empfänger: Freund oder Freundin: …

Freund oder Freundin

Mama oder Papa

Experten, die man um Informationen bittet

Zeitungsleser

Geschichtenleser

mit „du" anreden
Höflichkeitsanrede
spannend schreiben
sachlich berichten
unterhaltsam berichten
locker oder cool klingen
auf eine sinnvolle Reihenfolge achten

4 Die Theater-AG hat das Märchen „Aschenputtel" aufgeführt. Du warst dabei. Wähle einen Empfänger und schreibe ihm eine Mitteilung.

guter Freund:
habe mitgespielt • aufgeregt
cooler Auftritt • ich war der Prinz

Zeitungsleser:
am Sonntagabend • Theater-AG der …-Schule
Aufführung von „Aschenputtel" • Halle voll besetzt
großartige Kulissen • viel Beifall

Brief an Tante:
gestern Abend • Theater-AG • sehr aufgeregt
viele Zuschauer • zwischendurch Text vergessen
am Ende viel Beifall • stolz, erleichtert

Aufforderungen und Bitten formulieren

1 Welche Sätze sind Aufforderungen und welche höflich formulierte Bitten? Schreibe geordnet auf:
Aufforderungen: Mach endlich …
Bitten: Könnte ich …

Könnte ich bitte noch etwas zu trinken haben?

Hör auf, das tut weh!

Darf ich bitte deinen Ball ausleihen?

Mach endlich deine Hausaufgaben!

Gib her, das ist mein Pausenbrot!

Könntest du mir heute Nachmittag bitte die Hausaufgaben erklären?

Darf ich noch eine halbe Stunde länger aufbleiben?

Lauft nicht wieder durch das Schulhaus!

2 Schreibe zu jedem Bild eine höfliche Bitte auf:
1. Könnte ich …

1

Könnte ich …

2

Darf ich …

3

Bitte …

4

Würdest du …

S. 64 Arbeitsheft

DU ICH

3 Deine Klasse plant einen Ausflug in einen Freizeitpark.
Ihr braucht Informationen zu Öffnungszeiten und Eintrittspreisen.
Schreibe einen Brief oder eine E-Mail. Welches sind die passenden Stichworte? Besprich dich mit deinem Partnerkind.

sehr geehrte Damen und Herren
liebe Frau Leitner

hallo, wir brauchen …
wir planen am … einen …

machen Sie schnell
wären Sie so freundlich

können Sie uns auch mitteilen
wir wollen wissen

mit freundlichen Grüßen
dein Freund

4 Finde zu jedem Stichwort die Szene im Bild. Schreibe dazu jeweils eine höfliche Bitte in wörtlicher Rede. Formuliere auch passende Redebegleitsätze.
Papa fragt: „…

abgeben | ausleihen | mitspielen | Platz machen | Schuhe zubinden

Diagramme verstehen

DU ICH **1** In der Altdorfer Schule probierten 389 Kinder und Jugendliche aus, wie eine Wahl funktioniert. Im ersten Schritt durfte jeder seine Stimme einer Gruppierung geben. Betrachte das Ergebnis. Was kannst du ablesen? Berichte deinem Partnerkind.

Stimmenanzahl pro Gruppierung

DU ICH **2** Im zweiten Schritt werden die Stimmen jeder Gruppierung auf die Plätze in der Versammlung umgerechnet. Betrachte das Balkendiagramm. Besprich das Ergebnis mit deinem Partnerkind.

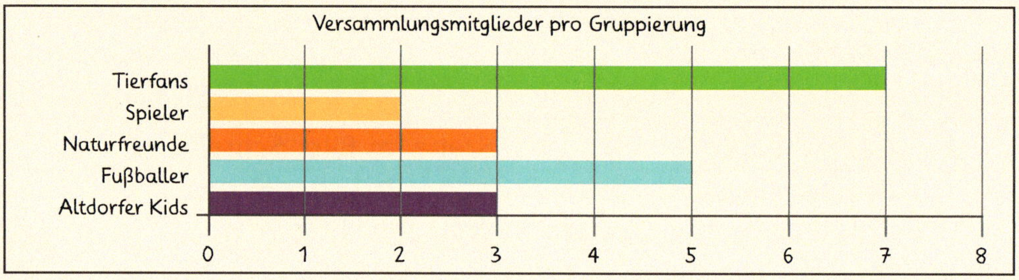

3 Stimmen die Aussagen des Nachrichtensprechers? Schreibe nur die richtigen Aussagen auf.

S. 66 Arbeitsheft

4 Dies sind die Ergebnisse der Landtagswahl 2013 in Bayern.
Alle abgegebenen Stimmen zusammen sind 100 Prozent. Das Zeichen für Prozent ist **%**. Schreibe Sätze auf, wie die Parteien abgeschnitten haben:
Die Piratenpartei bekam 2% der Stimmen.
Die Linke erhielt weniger Stimmen als die Grünen. …

die meisten Stimmen • die wenigsten Stimmen
mehr Stimmen als • weniger Stimmen als

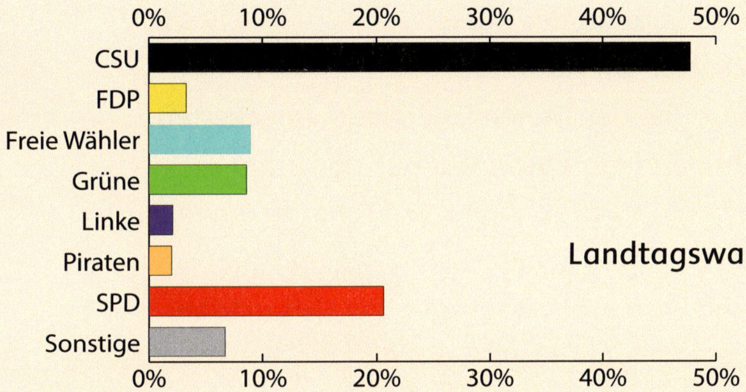

Landtagswahl Bayern 2013

5 Vor der Landtagswahl fand eine Jugendwahl statt.
Fast 6000 Kinder und Jugendliche nahmen daran teil.
Vergleiche diese Ergebnisse mit denen der echten Wahl:
Bei der Jugendwahl erhielt … Stimmen als …

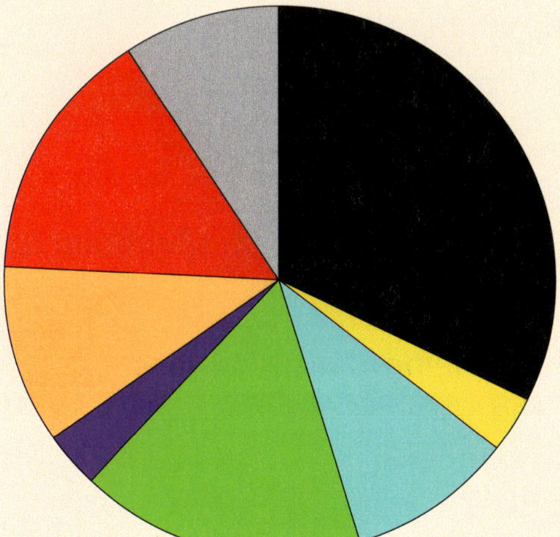

Jugendwahl Bayern 2013

CSU	32,5 %
FDP	3,3 %
Freie Wähler	9,5 %
Grüne	16,9 %
Linke	3,3 %
Piraten	10,4 %
SPD	15,2 %
Sonstige	8,9 %

Texte überarbeiten 1

DU ICH **1** Lies die Geschichte. Was fällt dir auf?
Besprich dich mit deinem Partnerkind.

<ins>Ein spannender Nachmittag im Zoo</ins>

Lara war gestern zum ersten Mal allein im Zoo.
Lara fuhr mit der Straßenbahn bis
zur Haltestelle „Tiergarten".
Lara überquerte die große Straße an der Ampel.
Dann bezahlte Lara an der Kasse.
Lara kaufte Futter am Automaten.
Dann war Lara bei den Tieren. Die Ziegen meckerten.
Die Ziegen fraßen Lara das Futter aus der Hand.
Danach ging Lara zu den Affen. Lara schaute ihnen zu.
Ein großer Affe tobte besonders wild herum.
Der große Affe warf einen Ast durch die Gitterstäbe.
Er traf Lara beinahe am Kopf. Da ging Lara lieber weiter …

ICH **2** Überarbeite die Geschichte. Schreibe sie in dein Heft.
Denke beim Überarbeiten an die Hilfen in den Kästen.

Pronomen benutzen:
Lara → sie   der große Affe → er   die Ziegen → …

abwechslungsreiche Satzanfänge benutzen:
~~Dann~~ → Anschließend • Danach • Gleich darauf …

Satzglieder umstellen:
Lara fuhr mit der Straßenbahn … → Mit der Straßenbahn fuhr Lara …

DU ICH **3** Lies die überarbeitete Geschichte deines Partnerkindes.
Gib ihm freundlich Rückmeldung:
Was ist an seiner Geschichte gelungen?
Was kann es noch besser machen?

S. 68 Arbeitsheft

DU ICH

4 Lies die Geschichte.
Was findest du spannend? Was findest du noch nicht gelungen?
Besprich dich mit deinem Partnerkind.

Seltsamer Besuch

Am Samstag durfte Jakob mit Grischa im Zelt *1 übernachten.
Jakob und Grischa waren richtig stolz,
als das Zelt endlich stand. Dann versorgten sich
Jakob und Grischa mit Getränken,
Taschenlampen und etwas zum Knabbern.
Dann schlüpften Jakob und Grischa in die Schlafsäcke.
Jakob las in seinem Witzebuch. Dann vernahm Jakob
ein Geräusch. *2 Jakob hörte im Gebüsch etwas rascheln.
Grischa schaute aus dem Zelt. Grischa knipste die Taschenlampe an ...

5 Überarbeite die Geschichte:

- Benutze Pronomen.
- Benutze einen anderen Satzanfang.
- *1: Wo bauen die beiden das Zelt auf?
- *2: Erzähle diese Stelle etwas ausführlicher. Vielleicht reden die Jungen miteinander.

6 Schreibe für die Geschichte einen ausführlichen Schluss.

G

7 Lest eure Geschichten in eurer Gruppe vor.
Was findet ihr an euren Geschichten gut?
Was könntet ihr noch besser machen?
Überarbeitet eure Geschichten
in der Schreibkonferenz.

8 Prüfe, ob du alle Wörter in deiner Geschichte richtig geschrieben hast.

Texte überarbeiten 2

1 Lies die Überarbeitungstipps.

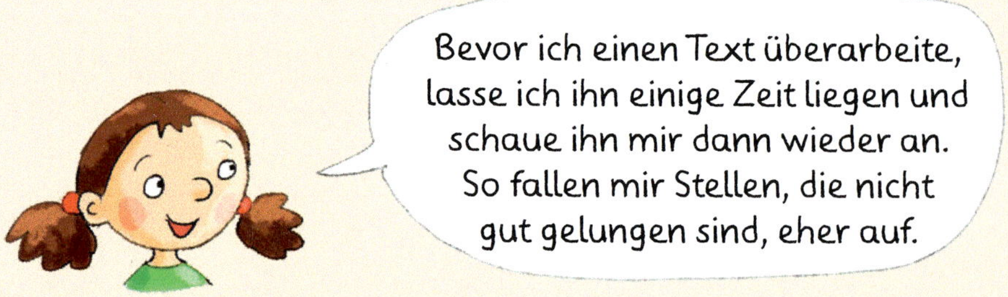

Ich achte auf abwechslungsreiche Satzanfänge.

Ich tausche bei Wortwiederholungen Wörter aus.

Ich prüfe, ob alle Sätze vollständig sind, und achte dabei auf die Satzschlusszeichen.

Ich vergleiche die Verben: Sie sollen alle in der richtigen Zeitform stehen.

Ich überlege, ob etwas Wichtiges fehlt. Ich ergänze die Stellen, die nicht genau genug beschrieben sind.

2 Überarbeite den Text. Achte dabei auf die Überarbeitungstipps.

Letzten Freitag haben wir uns in der Schule zu einer Lesenacht getroffen.
Wir haben uns sehr auf die Lesenacht gefreut.
Unsere Lehrerin hat mit uns das Klassenzimmer ausgeräumt.
Dann hat sie mit uns die Schlafplätze eingerichtet ▢
Dann hat die Lehrerin uns 20 ▢ aus ihrem Lieblingsbuch vorgelesen.
Dann haben wir in der Turnhalle Spiele gespielt. Das Detektivspiel hat allen ▢ gemacht. Im Klassenzimmer gab es Würstchen.
Um 10 Uhr mussten wir in die Schlafsäcke. Ich lese Rätselkrimis.
Erst um 1 Uhr ist er eingeschlafen. Morgens haben wir alle gemeinsam gefrühstückt.

Wer ist „uns"? Wer hat das Frühstück gemacht? Wer ist „er"?

S. 70 Arbeitsheft

3 So kannst du einen Text verbessern. Lies die Überarbeitungstipps.

Du kannst Sätze umstellen:
Ich gehe heute ins Kaufhaus.
Heute gehe ich ins Kaufhaus.

Du kannst Wörter ersetzen:
Wir sahen …
Wir beobachteten …

Du kannst treffende Adjektive verwenden:
Mir gefiel das Gehege der Affen.
Mir gefiel das neue Gehege der Affen.

Du kannst wörtliche Rede ergänzen.

4 Überarbeite den Text. Wende die Überarbeitungstipps aus Aufgabe 1 und 3 an. Bis wann schaffst du die Überarbeitung? Setze dir ein zeitliches Ziel.

Wir gingen gestern ins Schulmuseum.
Wir gingen als Erstes in einen alten Klassenraum.
Wir lernten bei unserem Besuch kennen,
wie die Schule in früheren Zeiten war.
Wir lauschten einem älteren Mann.
Der ältere Mann erzählte uns von früher.
Die Lehrer waren immer sehr streng.
Die Kinder saßen in Holzbänken.
Die Kinder schrieben mit Feder und Tinte.
Oder mit einem Griffel auf einer Tafel.
Im alten Klassenzimmer hingen Bilder
von Tieren und Pflanzen an der Wand.
Wir staunten, dass früher so viele Kinder
in einer einzigen Klasse waren.
Dann gingen wir wieder nach Hause.

5 Worauf solltest du achten, wenn du einen Text überarbeiten willst? Schreibe mindestens acht Punkte auf, die du wichtig findest:
Diese Punkte beachte ich, wenn ich einen Text überarbeite:
1. …

Wörterliste

A/a

ab
der Abend, die Abende
abends
der Abfall, die Abfälle
abschreiben, sie schreibt ab, sie schrieb ab
die Absicht
das Abteil, die Abteile
das Adjektiv, die Adjektive
aktiv
alt, älter
am, an
anfangen, er fängt an, er fing an
die Angst, die Ängste
ängstlich
der Anschluss, die Anschlüsse
antworten, er antwortet, er antwortete
der Apfel, die Äpfel
der April
arbeiten, er arbeitet, er arbeitete
ärgerlich
ärgern, sich ärgern, er ärgert sich, er ärgerte sich
der Arm, die Arme
der Arzt, die Ärzte
die Ärztin, die Ärztinnen
der Ast, die Äste
aufführen, sie führt auf, sie führte auf
aufpassen, sie passt auf, sie passte auf
der Aufsatz, die Aufsätze
aufstehen, sie steht auf, sie stand auf
aufstellen, sie stellt auf, sie stellte auf
aufwachen, er wacht auf, er wachte auf
aufwachsen, er wächst auf, er wuchs auf
der August
ausbeuten, er beutet aus, er beutete aus
ausdrucken, er druckt aus, er druckte aus
außen, **außer**
außerdem
ausblasen, er bläst aus, er blies aus
ausgehen, sie geht aus, sie ging aus
aushalten, er hält aus, er hielt aus
auspacken, sie packt aus, sie packte aus
ausreiten, sie reitet aus, sie ritt aus
ausruhen, er ruht sich aus, er ruhte sich aus
die Aussicht
aussprechen, er spricht aus, er sprach aus
aussteigen, er steigt aus, er stieg aus
die Axt, die Äxte

B/b

das Baby, die Babys
das Backblech, die Backbleche
backen, sie **backt,** sie **buk**
der Bäcker, die Bäcker
die Bahn, die Bahnen
das Balkendiagramm, die Balkendiagramme
der Ball, die Bälle
die Banane, die Bananen
das Band, die Bänder
basteln, sie bastelt, sie bastelte
bauen, sie baut, sie baute
der Bauer, die Bauern
die Bäuerin, die Bäuerinnen
der Baum, die Bäume
der Baumstamm, die Baumstämme
bedrohen, er bedroht, er bedrohte
beginnen, sie beginnt, sie begann
beinahe
beißen, er beißt, er biss
das Beispiel, die Beispiele
behalten, er behält, er behielt
bekannt
beobachten, er beobachtet, er beobachtete
benutzen, sie benutzt, sie benutzte
bequem
der Berg, die Berge
der Bericht, die Berichte
berichten, sie berichtet, sie berichtete
der Beruf, die Berufe
beschützen, sie beschützt, sie beschützte
besorgen, sie besorgt, sie besorgte
besorgt
besprechen, sie bespricht, sie besprach

die Besprechung,
die Besprechungen
der Besuch, die Besuche
besuchen, er besucht,
er besuchte
das Bett, die Betten
bewegen, er bewegt,
er bewegte
bezahlbar
bezahlen, sie bezahlt,
sie bezahlte
das Bild, die Bilder
billig, billiger
bin
bis
der Biss, die Bisse
du **bist**
die Bitte, die Bitten
bitten, sie bittet, sie bat
blass
das Blatt, die Blätter
bläulich
bleiben, er **bleibt**,
er **blieb**
blühen, sie **blüht**,
sie **blühte**
der Boden, die Böden
das Boot, die Boote
boxen, er boxt, er boxte
der Brand, die Brände
der Braten, die Braten
brauchen, sie braucht,
sie brauchte
bremsen, er bremst,
er bremste
das Brett, die Bretter
der Brief, die Briefe
bringen, er bringt,
er brachte
das Brot, die Brote
die Brücke, die Brücken
der Bruder, die Brüder
das Buch, die Bücher
die Büchse, die Büchsen
die Bühne, die Bühnen
das Bühnenbild,
die Bühnenbilder
die Burg, die Burgen
der Bus, die Busse
die Butter

C/c

chatten, sie chattet,
sie chattete
der Christ, die Christen
der Computer,
die Computer

D/d

der Dachs, die Dachse
die Dämmerung
danken, sie dankt,
sie dankte
dann
dein, deinem, deinen
dem
den
denken, sie denkt,
sie dachte
deshalb
Deutschland
der Dezember
der Dienstag
dies, diesem, diesen
das Ding, die Dinger
der Donnerstag
das Dorf, die Dörfer
dort
draußen
drehen, er **dreht**,
er **drehte**
drohen, er droht,
er drohte
dumm, dümmer
dürfen, er darf, er durfte

E/e

eckig
das Edelweiß
ein, einem, einen
der Einbruch, die Einbrüche
das Einhorn, die Einhörner
einkaufen, er kauft ein,
er kaufte ein
die Einsicht
der Einwohner,
die Einwohner
das Eiweiß
die Eltern
der Empfänger,
die Empfänger
das Ende, die Enden
entdecken, er entdeckt,
er entdeckte
die Ente, die Enten
entführen, er entführt,
er entführte
entkommen,
er entkommt,
er entkam
entscheiden,
er entscheidet,
er entschied
entschuldigen,
sie entschuldigt,
sie entschuldigte
die Erdbeere, die Erdbeeren
die Erde
erforschen, er erforscht,
er erforschte
das Ergebnis, die Ergebnisse
erinnern, sie erinnert,
sie erinnerte

die Erinnerung, die Erinnerungen
erklären, er erklärt, er erklärte
erlauben, sie **erlaubt**, sie **erlaubte**
das Erlebnis, die Erlebnisse
ernähren, es ernährt, es ernährte
erschrecken, er **erschrickt**, er **erschrak**
erschrocken
erst, erste, ersten
ertragen, sie erträgt, sie ertrug
erträglich, erträglicher
erwachsen
erzählen, sie **erzählt**, sie **erzählte**
essen, er **isst**, er **aß**
etwas
euer, eure, eurem, euren
das Experiment, die Experimente
extra

F/f

fahren, sie **fährt**, sie **fuhr**
das Fahrrad, die Fahrräder
die Fahrt, die Fahrten
fallen, er **fällt**, er **fiel**
die Familie, die Familien
fangen, sie fängt, sie fing
die Farbe, die Farben
das Fass, die Fässer
der Februar
die Feder, die Federn
fehlen, sie fehlt, sie fehlte
der Fehler, die Fehler
fehlerfrei
das Feld, die Felder
das Fell, die Felle
das Ferkel, die Ferkel
das Fest, die Feste
die Feuerwehr
finden, er findet, er fand
der Finger, die Finger
der Fisch, die Fische
die Fläche, die Flächen
die Flasche, die Flaschen
die Fledermaus, die Fledermäuse
fleißig
fliegen, sie fliegt, sie flog
fliehen, er flieht, er floh
fließen, es fließt, es floss
der Floh, die Flöhe
flugs
der Fluss, die Flüsse
das Fohlen, die Fohlen
der Forscher, die Forscher
die Frage, die Fragen
fragen, er fragt, er fragte
die Frau, die Frauen
der Freitag
fremd, fremder
fressen, es frisst, es fraß
freuen, sie freut sich, sie freute sich
der Freund, die Freunde
die Freundin, die Freundinnen
freundlich
der Frieden
frisch
froh, fröhlich
der Frosch, die Frösche
früh, früher
der Frühling
der Fuchs, die Füchse
fühlen, sie fühlt, sie fühlte
die Furcht
fürchten, er fürchtet, er fürchtete
der Fuß, die Füße
der Fußball, die Fußbälle
füttern, sie füttert, sie fütterte

G/g

ganz, ganzem, ganzen
der Garten, die Gärten
der Gärtner, die Gärtner
das Gebäck, die Gebäcke
das Gebäude, die Gebäude
geben, er **gibt**, er **gab**
der Geburtstag, die Geburtstage
die Gefahr, die Gefahren
gefährlich
gefallen, es gefällt, es gefiel
das Gefühl, die Gefühle
gegen
das Geheimnis, die Geheimnisse
gehen, er **geht**, er **ging**
das Geheul
das Gehör
gehören, es **gehört**, es **gehörte**
der Gehweg, die Gehwege
das Geld, die Gelder
das Gemüse
genau
genießen, er genießt, er genoss
genügend
das Gepäck
gerade
das Gerät, die Geräte
das Geräusch, die Geräusche

gern
das Geschenk,
die Geschenke
die Geschichte,
die Geschichten
das Gesicht, die Gesichter
gestern
gesund
das Getreide
das Geweih, die Geweihe
gewinnen, er gewinnt,
er gewann
gießen, er gießt, er goss
das Glas, die Gläser
glatt, glatter
der Glaube
glauben, er glaubt,
er glaubte
das Glück
glücklich
graben, er gräbt,
er grub
gratulieren,
er gratuliert,
er gratulierte
greifen, sie greift,
sie griff
der Griff, die Griffe
groß
der Grund, die Gründe
die Gruppe, die Gruppen
gruselig
der Gruß, die Grüße
grüßen, sie grüßt,
sie grüßte
gucken, er guckt,
er guckte

H/h

das Haar, die Haare
haben, er hat, er hatte
der Hals, die Hälse
halten, sie **hält**,
sie **hielt**
die Hand, die Hände
das Handy, die Handys
hängen, es hängt,
es hing
der Hase, die Hasen
häufig, häufiger
das Haus, die Häuser
heben, sie hebt, sie hob
das Heft, die Hefte
der Heiligabend
heiß
heißen, er **heißt**,
er **hieß**
helfen, sie **hilft**,
sie **half**
hell
der Herbst
der Herr, die Herren
das Herz, die Herzen
das Heu
heute
die Hexe, die Hexen
hier
die Hilfe
der Himmel
hin
die Hitze
hoch, hohe, höher
die Höhe
hoffen, er hofft,
er hoffte
die Höhle, die Höhlen
holen, er holt, er holte
die Homepage,
die Homepages
hören, er hört, er hörte
das Hörgerät, die Hörgeräte
die Hose, die Hosen
die Hülle, die Hüllen
der Hunger
der Hut, die Hüte
die Hütte, die Hütten

I/i

die Idee, die Ideen
der Igel, die Igel
ihm
ihn
ihnen
ihr, ihre, ihrem, ihren
im
immer
impfen, er impft,
er impfte
in
die Information,
die Informationen
ins
interessant,
interessanter

J/j

die Jacke, die Jacken
jagen, er jagt, er jagte
der Jäger, die Jäger
das Jahr, die Jahre
der Januar
jede, jeder, jedem,
jeden
jetzt
der Juli
der Junge, die Jungen
der Juni

K/k

der Käfer, die Käfer
der Käfig, die Käfige
das Kalb, die Kälber
kalt, kälter
die Kälte
kämmen, sie kämmt,
sie kämmte
der Kampf, die Kämpfe
kämpfen, er kämpft,
er kämpfte

die Kanne, die Kannen
kaputt
die Kapuze, die Kapuzen
die Karte, die Karten
die Katze, die Katzen
kaufen, er **kauft**, er **kaufte**
kein, keinem, keinen
der Keks, die Kekse
kennen, er kennt, er kannte
der Kilometer, die Kilometer
das Kind, die Kinder
der Kinderwagen, die Kinderwagen
der Kiosk
klappen, es klappt, es klappte
die Klasse, die Klassen
klatschen, es klatscht, es klatschte
kleben, er klebt, er klebte
der Klecks, die Kleckse
der Klee
das Kleidungsstück, die Kleidungsstücke
klein
klettern, er klettert, er kletterte
klingen, es klingt, es klang
klopfen, sie klopft, sie klopfte
knacken, es knackt, es knackte
der Knacks
kneten, er knetet, er knetete
kommen, er **kommt**, er **kam**
der König, die Könige
die Königin, die Königinnen
können, sie **kann**, sie **konnte**
kontrollieren, sie kontrolliert, sie kontrollierte
der Kopf, die Köpfe
der Korb, die Körbe
die Kraft, die Kräfte
kräftig, kräftiger
krank
das Kraut, die Kräuter
das Kreisdiagramm, die Kreisdiagramme
krumm, krummer
die Küche, die Küchen
der Kuchen, die Kuchen
die Kuh, die Kühe
kurz

L/l

lachen, er **lacht**, er **lachte**
der Lachs, die Lachse
der Laib, die Laibe
der Laich
das Lamm, die Lämmer
die Lampe, die Lampen
das Land, die Länder
lang, länger
lassen, sie **lässt**, sie **ließ**
das Laub
der Laubfrosch, die Laubfrösche
laufen, er **läuft**, er **lief**
der Läufer, die Läufer
leben, sie lebt, sie lebte
leer
legen, er legt, er legte
der Lehrer, die Lehrer
die Lehrerin, die Lehrerinnen
leicht, leichter
leiden, sie leidet, sie litt
leihen, sie leiht, sie lieh
lernen, sie lernt, sie lernte
lesen, er **liest**, er **las**
die Leute
das Lexikon, die Lexika
das Licht, die Lichter
lieben, sie **liebt**, sie **liebte**
das Lied, die Lieder
liegen, er **liegt**, er **lag**
die Limonade, die Limonaden
das Lineal, die Lineale
die Linie, die Linien
links
das Loch, die Löcher
locker
lösen, sie löst, sie löste
die Luft, die Lüfte
lustig

M/m

machen, sie **macht**, sie **machte**
das Mädchen, die Mädchen
mähen, er mäht, er mähte
mahlen, sie mahlt, sie mahlte
der Mai
mailen, sie mailt, sie mailte
malen, er malt, er malte
man
der Mann, die Männer
die Mannschaft, die Mannschaften
das Märchen, die Märchen
der Markt, die Märkte
der März
das Maß, die Maße
die Maschine, die Maschinen

die Maske, die Masken
die Maus, die Mäuse
das Meer, die Meere
das Mehl
mehr
mein, meinem, meinen
der Mensch, die Menschen
merken, er **merkt**, er **merkte**
mich
die Milch
die Minute, die Minuten
mir
mitbringen, sie bringt mit, sie brachte mit
der Mittag, die Mittage
mittags
die Mitte
der Mittwoch
der Mixer, die Mixer
die Mode
der Monat, die Monate
der Montag
das Moor, die Moore
der Morgen, die Morgen
morgen
morgens
der Motor, die Motoren
müde
der Muffin, die Muffins
die Mühe, die Mühen
die Mühle, die Mühlen
müssen, er **muss**, er **musste**
mutig
die Mutter, die Mütter
die Mütze, die Mützen

N/n

die Nacht, die Nächte
nachts
nah, nahe
die Nähe
nähen, er näht, er nähte
die Nähmaschine, die Nähmaschinen
die Naht, die Nähte
die Nahrung
nämlich
die Nase, die Nasen
nass
natürlich
der Naturschutz
der Naturschützer, die Naturschützer
der Nebel
neben
nehmen, er nimmt, er nahm
nennen, sie nennt, sie nannte
nett, netter
neu
das Netz, die Netze
die Neugier
nicht, nichts
nie
niemals
niedrig
der Nordpol
notieren, sie notiert, sie notierte
der November
nur
die Nuss, die Nüsse
nützlich

O/o

ob
oben
das Obst
der Ochse, die Ochsen
oft, öfter
das Ohr, die Ohren
der Oktober
der Onkel, die Onkel
die Organisation, die Organisationen
organisieren, er organisiert, er organisierte

P/p

paar
das Päckchen, die Päckchen
packen, sie packt, sie packte
der Park, die Parks
passen, es passt, es passte
passieren, es passiert, es passierte
der Patient, die Patienten
pfeifen, er pfeift, er pfiff
die Pfütze, die Pfützen
die Pizza, die Pizzas
das Plakat, die Plakate
der Plan, die Pläne
planen, sie plant, sie plante
die Platte, die Platten
der Platz, die Plätze
plötzlich
der Pokal, die Pokale
die Polizei
das Poster, die Poster
prima
die Probe, die Proben
probieren, sie probiert, sie probierte
das Produkt, die Produkte
das Programm, die Programme
der Pudel, die Pudel
der Punkt, die Punkte

Q/u

die Qualität
quaken, er quakt, er quakte
die Qualle, die Quallen
qualmen, es qualmt, es qualmte
der Quark
das Quartett, die Quartette
der Quatsch
die Quelle, die Quellen
quer
quietschen, es quietscht, es quietschte
die Quitte, die Quitten
das Quiz

R/r

das Rad, die Räder
rauben, er raubt, er raubte
der Räuber, die Räuber
der Rauch
der Raum, die Räume
rauschen, es rauscht, es rauschte
das Recht, die Rechte
rechts
reden, er redet, er redete
die Regel, die Regeln
regelmäßig
der Regenwurm, die Regenwürmer
regnen, es regnet, es regnete
das Reh, die Rehe
reich
reiten, er reitet, er ritt
rennen, er rennt, er rannte
der Rest, die Reste
retten, er rettet, er rettete
riechen, er **riecht**, er **roch**
der Ring, die Ringe
der Riss, die Risse
roh, rohes
die Rohkost
rollen, es rollt, es rollte
der Roller, die Roller
der Rücken, die Rücken
rücken, sie rückt, sie rückte
die Rücksicht
rufen, sie **ruft**, sie **rief**
die Ruhe
ruhig, ruhiger
rühren, sie rührt, sie rührte
rund, runder

S/s

der Saal, die Säle
die Sache, die Sachen
der Sack, die Säcke
der Saft, die Säfte
sagen, sie sagt, sie sagte
das Salz, die Salze
der Samen, die Samen
sammeln, er sammelt, er sammelte
der Samstag
der Sand, die Sande
der Satz, die Sätze
sauer
das Säugetier, die Säugetiere
das Schaf, die Schafe
schaffen, er schafft, er schaffte
die Schale, die Schalen
schälen, er schält, er schälte
der Schatz, die Schätze
scheinen, sie **scheint**, sie **schien**
schenken, er **schenkt**, er **schenkte**
scheußlich
schieben, er **schiebt**, er **schob**
schief, schiefer
das Schild, die Schilder
schlafen, er **schläft**, er **schlief**
schlecht, schlechter
schließen, er schließt, er schloss
schlimm, schlimmer
der Schlitten, die Schlitten
der Schluss
schmecken, es schmeckt, es schmeckte
der Schmerz, die Schmerzen
schmerzen, es schmerzt, es schmerzte
der Schnee
der Schneeball, die Schneebälle
schneiden, er **schneidet**, er **schnitt**
schnell
der Schreck, die Schrecke
schreiben, sie **schreibt**, sie **schrieb**
schreien, er schreit, er schrie
die Schrift, die Schriften
der Schuh, die Schuhe
die Schüssel, die Schüsseln
schützen, sie **schützt**, sie **schützte**
der Schwamm, die Schwämme
schwer, schwerer
die Schwester, die Schwestern

schwierig
schwimmen, er **schwimmt**, er **schwamm**
schwitzen, er schwitzt, er schwitzte
sechs
der See, die Seen
sehen, sie sieht, sie sah
sehr
der Sehtest, die Sehtests
sein, seinem, seinen
seit
die Seite, die Seiten
selbst
der September
setzen, er setzt, er setzte
der Sieger, die Sieger
singen, er **singt**, er **sang**
sinken, sie sinkt, sie sank
sitzen, sie **sitzt**, sie **saß**
die Skizze, die Skizzen
sofort
der Sohn, die Söhne
sollen, er soll, er sollte
der Sommer, die Sommer
die Sonne, die Sonnen
der Sonntag
sorgen, sich sorgen, er sorgt sich, er sorgte sich
spannend
der Spaß, die Späße
der Spätsommer
spazieren, er spaziert, er spazierte
der Speck
das Spiel, die Spiele
spielen, er spielt, er spielte
die Spitze, die Spitzen
der Sport
die Sprache, die Sprachen
sprechen, er **spricht**, er **sprach**
springen, er **springt**, er **sprang**
sprühen, sie sprüht, sie sprühte
spucken, er spuckt, er spuckte
spüren, er spürt, er spürte
die Staatszugehörigkeit
die Stadt, die Städte
der Stall, die Ställe
stark, stärker
die Stärke
der Staub
staubig
stehen, sie **steht**, sie **stand**
steigen, er **steigt**, er **stieg**
der Stein, die Steine
stellen, er **stellt**, er **stellte**
der Stern, die Sterne
der Stift, die Stifte
die Stimme, die Stimmen
stoßen, sie stößt, sie stieß
die Straße, die Straßen
der Strauch, die Sträucher
der Strauß, die Sträuße
die Strecke, die Strecken
streiten, sie streitet, sie stritt
das Stück, die Stücke
stürzen, er stürzt, er stürzte
suchen, sie sucht, sie suchte
der Südpol
surfen, er surft, er surfte
süß

T/t

die Tafel, die Tafeln
der Tag, die Tage
täglich
tagsüber
tanken, sie **tankt**, sie **tankte**
die Tante, die Tanten
die Tänzerin, die Tänzerinnen
die Tasche, die Taschen
die Tasse, die Tassen
das Taxi, die Taxis
der Tee
der Teich, die Teiche
der Teig, die Teige
der Teller, die Teller
der Test, die Tests
der Text, die Texte
das Theater, die Theater
das Thema, die Themen
tief, tiefer
das Tier, die Tiere
der Tiger, die Tiger
der Tornister, die Tornister
das Tortendiagramm, die Tortendiagramme
tragen, er **trägt**, er **trug**
die Trainerin, die Trainerinnen
das Trampolin, die Trampoline
der Traum, die Träume
träumen, sie träumt, sie träumte
traurig, trauriger
treffen, er trifft, er traf
trennen, er trennt, er trennte
die Treppe, die Treppen
trinken, sie **trinkt**, sie **trank**
trocken

der Tropfen, die Tropfen
trotzdem
das Tuch, die Tücher
die Tür, die Türen
das Turnier, die Turniere
die Tüte, die Tüten

U/u

üben, sie übt, sie übte
überall
überfahren, sie überfährt, sie überfuhr
der Überfall, die Überfälle
überlegen, er überlegt, er überlegte
die Übung, die Übungen
der Umhang, die Umhänge
umrechnen, er rechnet um, er rechnete um
umziehen, sie zieht um, sie zog um
der Unfall, die Unfälle
die Ungeduld
das Unglück
unheimlich
uns
unserem, unseren
die Unterführung, die Unterführungen
unterhalten, sie unterhält, sie unterhielt
die Unterhaltung
das Unterhemd, die Unterhemden
der Unterricht
unterscheiden, sie unterscheidet, sie unterschied
der Unterschied, die Unterschiede
unterstreichen, er unterstreicht, er unterstrich
unterwegs

V/v

der Vater, die Väter
verändern, er verändert, er veränderte
die Veränderung, die Veränderungen
der Verband, die Verbände
verbieten, er verbietet, er verbot
verfehlen, er verfehlt, er verfehlte
vergessen, sie **vergisst**, sie **vergaß**
verhandeln, er verhandelt, er verhandelte
verkaufen, er verkauft, er verkaufte
der Verkäufer, die Verkäufer
der Verkehr
verkleiden, sich verkleiden, er verkleidet sich, er verkleidete sich
verletzen, er verletzt, er verletzte
verlaufen, sie verläuft sich, sie verlief sich
verlieren, er **verliert**, er **verlor**
verschicken, sie verschickt, sie verschickte
verschlafen, er verschläft, er verschlief
verschleppen, er verschleppt, er verschleppte
verschreiben, er verschreibt, er verschrieb
die Versetzung
versprechen, er verspricht, er versprach
das Versprechen, die Versprechen
verstecken, sie **versteckt**, sie **versteckte**
verteilen, sie verteilt, sie verteilte
versuchen, er versucht, er versuchte
verwandeln, sie verwandelt, sie verwandelte
verwandt
viel, viele
vielleicht
vier
der Vogel, die Vögel
voll, voller
vom
von
vorbereiten, er bereitet vor, er bereitete vor
vorführen, er führt vor, er führte vor
der Vorrat, die Vorräte
die Vorsicht
vorsichtig
das Vorsprechen
vorstellen, er stellt vor, er stellte vor
vortragen, sie trägt vor, sie trug vor

W/w

die Waage, die Waagen
das Wachs
wachsen, es wächst, es wuchs
der Wagen, die Wagen
die Wahl, die Wahlen
wählen, er wählt, er wählte
wahr
der Wald, die Wälder
der Waldbrand, die Waldbrände
der Waldkauz, die Waldkäuze
der Waldrand, die Waldränder
wann
warm, wärmer
die Wärme
warum
waschen, er wäscht, er wusch
wechseln, er wechselt, er wechselte
der Wecker, die Wecker
Weihnachten
weinen, er **weint**, er **weinte**
weiß
das Weißbrot, die Weißbrote
die Weißwurst, die Weißwürste
welche, welchem, welchen
die Welt, die Welten
wem, wen
wenden, er wendet, er wendete
wenig, weniger
werben, sie wirbt, sie warb
die Werbung, die Werbungen
werden, sie **wird**, sie **wurde**
werfen, er **wirft**, er **warf**
wichtig, wichtiger
wie
wieder
die Wiese, die Wiesen
wild, wilder
der Wind, die Winde
der Winter, die Winter
wirken, es wirkt, es wirkte
wissen, er weiß, er wusste
die Woche, die Wochen
wohnen, sie wohnt, sie wohnte
die Wohnung, die Wohnungen
wollen, sie will, sie wollte
die Wurst, die Würste

Z/z

die Zahl, die Zahlen
zählen, sie zählt, sie zählte
zahlreich
der Zahn, die Zähne
der Zauberstab, die Zauberstäbe
der Zäun, die Zäune
der Zeh, die Zehen
zehn
die Zeitung, die Zeitungen
ziehen, sie **zieht**, sie **zog**
zielen, sie **zielt**, sie **zielte**
die Zielscheibe, die Zielscheiben
das Zimmer, die Zimmer
die Zitrone, die Zitronen
zittern, er zittert, er zitterte
der Zoo, die Zoos
zu, zum, zur
der Zug, die Züge
zuhören, er hört zu, er hörte zu
zuletzt
zurück
zusammen
die Zwiebel, die Zwiebeln

Wichtige Fachbegriffe

		Seite
Nomen	Nomen bezeichnen Menschen, Tiere, Pflanzen und Dinge. Nomen haben die Artikel der, die, das, ein, eine. Nomen können in der Einzahl und in der Mehrzahl stehen: der Tisch – die Tische, die Tafel – die Tafeln, das Heft – die Hefte.	7, 30, 114, 115, 124, 125
Fälle des Nomens	Nomen können in vier Fällen stehen. Du findest sie durch Fragen: 1. Fall: der Vogel *Wer oder was …?* 2. Fall: des Vogels *Wessen …?* 3. Fall: dem Vogel *Wem …?* 4. Fall: den Vogel *Wen …?*	30, 124, 125
Pronomen	Nomen kann man durch Pronomen ersetzen: Maria – sie, Tim – er, Maria und ich – wir.	11, 158, 159
Verben	Wörter, die sagen, was jemand tut oder was geschieht, nennt man Verben: wehen, strömen, ruhen.	7, 114, 115, 120, 121
Grundform und Personalform	Verben haben eine Grundform: ziehen. Verben haben verschiedene Personalformen: ich ziehe, du ziehst, er/sie/es zieht, wir ziehen, ihr zieht, sie ziehen.	7, 37
Gegenwart, Vergangenheit und Zukunft	Verben können in verschiedenen Zeitstufen stehen: Gegenwart: Heute wohnt Lena in einem Dorf. 1. Vergangenheit: Lenas Uropa arbeitete als Schmied. für aufgeschriebene Vergangenheit 2. Vergangenheit: Gestern hat Papa ein Gitter verziert. für erzählte Vergangenheit Zukunft: Später wird sie in einer Stadt wohnen.	36, 37, 120, 121

		Seite
Adjektive	Adjektive beschreiben, wie etwas oder jemand ist. Wenn Adjektive vor Nomen stehen, verändern sie sich: Das Brot ist frisch – das frische Brot.	7, 63, 114, 122, 123
Vergleichs-stufen	Mit Adjektiven kann man vergleichen: Grundform: Der Wasserfrosch ist klein. 1. Vergleichsstufe: Der Grasfrosch ist kleiner. 2. Vergleichsstufe: Der Laubfrosch ist am kleinsten.	48, 122, 123
Bindewörter	Mit Bindewörtern kannst du Sätze verbinden. Dabei ändert sich manchmal die Stellung der Satzglieder. Vor den Bindewörtern steht ein Komma. Ich lache. Paul erzählt einen Witz. Ich lache, weil Paul einen Witz erzählt. Ich lache, denn Paul erzählt einen Witz.	31, 132, 133
Satzarten	Nach Aussagesätzen steht ein Punkt: Die Kinder spielen Ball. Nach Fragesätzen steht ein Fragezeichen: Spielst du mit? Nach Aufforderungssätzen steht ein Ausrufezeichen: Au ja!	47, 154, 155

		Seite
Satzglieder	Ein Satz besteht aus mehreren Satzgliedern. Ein Satzglied kann ein Wort oder mehrere Wörter haben. Satzglieder kann man vertauschen: Ich spiele heute mit Anna. Heute spiele ich mit Anna.	43
Subjekt und Prädikat	Mit der Frage *Wer oder was …?* findet man das Subjekt. Mit *Was geschieht?* oder *Was tut …?* findet man das Prädikat. Das Prädikat kann aus zwei Teilen bestehen: Achmet liest im Waldlexikon. Wir sammeln den Müll auf.	18, 19 42, 126, 127
Objekt	Ein Satz kann unterschiedliche Ergänzungen haben. Manche Verben fordern eine Satzergänzung mit dem/einem oder der/einer: Der Lehrer dankt dem/einem Buben. Erhan hilft der/einer Nachbarin. Der Brei schmeckt dem/einem Baby. Diese Ergänzung steht im 3. Fall (wem?). Andere Verben fordern eine Satzergänzung mit den/einen, die/eine oder das/ein: Mutter pflegt den/einen Hund. Lara trägt die/eine Tasche. Paul mag das/ein Mädchen. Diese Ergänzung steht im 4. Fall (wer oder was?).	18, 42, 128, 129
Wörtliche Rede und Redebegleitsatz	Wörtliche Rede steht in Redezeichen. Redebegleitsätze stehen vor oder hinter der wörtlichen Rede: Simon ruft: „Ich wünsche mir ein neues Fahrrad!“ „Ich wünsche mir ein neues Fahrrad!“, ruft Simon.	57, 134, 135

Textquellen

S. 78 Funke, Cornelia: Die Wilden Hühner auf Klassenfahrt. Cecilie Dressler Verlag, Hamburg 1996.

Bildquellen

S. 6 ThinkFoto.dk/Colourbox (Fingeralphabet). **S. 6** Anemone Fesl (Gebärdensprache). **S. 11** allocricetulus/Fotolia (Feldhamster). **S. 13** Alamy/ Mauritius images (Mädchen mit Drachen). **S. 14** Christian Müller/Fotolia (Igel zusammengerollt). **S. 16** Joe McDonald/ Shutterstock (Kolibri), imago/blickwinkel/Imago (Würgefeige), Mazzzur/Shutterstock (Liane), Superstock RM/GlowImages (Regenwald im Regen). **S. 18** WILDLIFE/picture-alliance (Riesenrafflesie), imagebroker.net/Topic Media (Kannenpflanze). **S. 34** Alamy/Mauritius images (Tablet-PC), erhanbesimoglu/Fotolia (Smartphone), stockphoto-graf/Fotolia (Steckdose), Kathrin39/Fotolia (Brille), andilevkin/Fotolia (HD LCD Fernseher), StocktrekRF/GlowImages (ISS im Weltraum), Radius Images/Corbis (Elektroauto), mezzotint_fotolia/Fotolia (Sprinter mit Prothese). **S. 35** Colourbox (Eier). **S. 46** Jörg Beuge/Fotolia (Laubfrosch), Marty Kropp/Fotolia (Storch), Daniel Nimmervoll/Fotolia (Schlange), cmnaumann/Fotolia (Erpel), pinkbird/Fotolia (Cleopatrafalter), H. Kirk/WILDLIFE/Juniors Bildarchiv (Tigersalamander), Minden Pictures/ Mauritius images (Libelle), Alexander Raths/ClipDealer (Karpfen). **S. 48** emer/Fotolia (Grasfrosch), abet/Fotolia (Laubfrosch), meyerfranzgisela/Fotolia (Wasserfrosch).
S. 66 leeyiutung/Fotolia (Hochhäuser, Hongkong), F1 online (Jurte), Anders Ryman/Corbis (Baumhaus), Marina Lohrbach/Fotolia (Einfamilienhaus), Heiko Löffler/Fotolia (Lehmhäuser).
S. 72 Erich Lessing/akg-images (Gemälde „Mittagsrast" von van Gogh). **S. 73** Valeriy Kirsanov/ Fotolia (verbrannter Waldboden). **S. 80** Buchcover: Erich Kästner: Emil und die Detektive. Cover der DVD Emil und die Detektive, Verfilmung von 2001, Constantin Film, Cover von Isabel Abedi: Hier kommt Lola!, Loewe Verlag, Isabel Abedi: „Hier kommt Lola!" 2005 erschienen bei JUMBO Neue Medien & Verlag GmbH, Hamburg. Mit freundlicher Genehmigung der JUMBO Neue Medien & Verlag GmbH (www.jumbo-medien.de) (Hörbuchcover). Cover von Cornelia Funke: Die wilden Hühner und die Liebe, Oetinger. Cornelia Funke: „Die wilden Hühner und die Liebe – Das Original-Hörspiel zum Film" 2007 erschienen bei JUMBO Neue Medien & Verlag GmbH, Hamburg. Mit freundlicher Genehmigung der JUMBO Neue Medien & Verlag GmbH (www.jumbo-medien.de) (Hörbuchcover). Cover von Brigitte Werner: Denni, Klara und das Haus Nr. 5, Verlag Freies Geistesleben. Kinney, Jeff GREGS TAGEBUCH 8–ECHT ÜBEL. Copyright © Baumhaus Verlag in der Bastei Lübbe AG, Köln 2014. The original edition was published by Amulet Books, an Imprint von Harry N. Abrams, Inc., New York in 2014 under the title "The Long Haul". DIARY OF A WIMPY KID®, WIMPY KID ™, and the Greg Heffley design™ are trademark of Wimpy Kid, Inc. (Buchcover), Kinney, Jeff GREGS TAGEBUCH 8–ECHT ÜBEL. Copyright © Baumhaus Verlag in der Bastei Lübbe AG, Köln 2014. The original edition was published by Amulet Books, an Imprint von Harry N. Abrams, Inc., New York in 2014 under the title "The Long Haul". DIARY OF A WIMPY KID®, WIMPY KID ™, and the Greg Heffley design™ are trademark of Wimpy Kid, Inc. (Hörbuchcover), Cover der DVD von: Gregs Tagebuch 1, 2 & 3, Twentieth Century Fox, erschienen 2013. **S. 83** WALLOCHA, STEPHAN/action press (Porträt: Cornelia Funke). **S. 130** mirubi/Fotolia (Basilius-Kathedrale, Moskau). **S. 142** glashaut/Fotolia (Turm von Pisa), pixarno/Fotolia (Triumphbogen Paris), kameraauge/Fotolia (Brandenburger Tor).
S. 143 Andrei Nekrassov/Fotolia (Tower Bridge, London). **S. 147** Topic Media (Eisbärenmutter mit Zwillingen).

Jo-Jo

Sprachbuch 4
Grundschule Bayern

Erarbeitet von Olga Brinster, Gersthofen; Cornelia Holzer, Miesbach

Unter Einbeziehung der Ausgabe von Frido Brunold, Susanne Mansour, Sandra Meeh, Henriette Naumann-Harms, Rita Stanzel, Monika Wolter, Martin Wörner

Redaktion lüra – Klemt & Mues GbR, Wuppertal
Bildredaktion Helene Schopohl
Illustrationen Hendrik Kranenberg, Drolshagen; Gabriela Silveira, München; Vera Schmidt, Stuttgart
Umschlagillustration Sylvia Graupner, Annaberg-Buchholz
Layoutkonzept Heike Börner, Berlin
Technische Umsetzung die buchetage, Berlin

www.cornelsen.de

1. Auflage, 7. Druck 2024

Alle Drucke dieser Auflage sind inhaltlich unverändert
und können im Unterricht nebeneinander verwendet werden.

Druck: Mohn Media Mohndruck, Gütersloh

ISBN 978-3-06-083088-6 (Schülerbuch)
ISBN 978-3-06-083147-0 (E-Book)

PEFC
PEFC/04-31-1033

PEFC-zertifiziert
Dieses Produkt stammt aus nachhaltig bewirtschafteten Wäldern und kontrollierten Quellen
www.pefc.de